Les auteurs :

Ancien pilote de Concorde à Air France, André-Jacques Holbecq profite d'une retraite dans la force de l'âge pour revenir à sa première passion : l'économie
On lui doit :
– *Un regard citoyen sur l'économie,* Éditions Yves Michel - 2001,
– *Une alternative de société : l'écosociétalisme,* Éditions Yves Michel - 2004.
Il s'exprime sur son site internet http://www.societal.org. Comme d'autres se battent pour faire apparaître au grand jour les mensonges ou les non dits sur les O.G.M., les pesticides, le nucléaire ou les diverses pollutions, il tente à travers ses livres, ses articles et son site, de nous apporter « un autre regard sur l'économie » , en particulier sur des sujets tels que le PIB, la dette, les déficits, la création monétaire, en nous « forçant » au changement de paradigme, par l'analyse des dysfonctionnements économiques actuels, qui contribuent à plonger notre société dans le désarroi.

Alors chef d'entreprise, Philippe Derudder, interpellé par les limites et contradictions du système, décide de démissionner pour mettre sa vie en cohérence avec ses valeurs. Il est depuis consultant et anime des séminaires et conférences sur la nécessité et les façons de mettre l'économie et l'argent au service de l'homme et de la planète.
Il est l'auteur de :
– *La renaissance du plein emploi ou la forêt derrière l'arbre,* Éditions Guy Trédaniel - 1997,
– *Les aventuriers de l'abondance,* Éditions Yves Michel - 1999,
– *Rendre la création monétaire à la société civile,* Éditions Yves Michel - 2005.

Les 10 plus gros mensonges sur...

L'économie

« Les 10 plus gros mensonges sur... »
Une collection dirigée par Olivier Clerc

DANS LA MÊME COLLECTION

Les 10 plus gros mensonges sur l'accouchement, Blandine Poitel
Les 10 plus gros mensonges sur l'allaitement, Claude Didierjean-Jouveau
Les 10 plus gros mensonges sur l'amour et le couple, Yves-Alexandre Thalmann
Les 10 plus gros mensonges sur le sida, Dr Étienne De Harven & Jean-Claude Roussez
Les 10 plus gros mensonges sur les vaccins, Sylvie Simon

ISSN : en cours
ISBN : 978-2-7033-0695-5

BP 17147 – 31671 Labège Cedex.

Philippe DERUDDER
André-Jacques HOLBECQ

Les 10 plus gros mensonges sur...

L'économie

Dangles
ÉDITIONS

Diffusées et distribuées par DG DIFFUSION
Z.I. de BOGUES
31750 ESCALQUENS

Collection « Les dix plus gros mensonges »

Erreurs, approximations, mensonges délibérés, vérités partielles ou partiales, prédominance d'une seule pensée : peu de domaines aujourd'hui échappent à ces phénomènes. Paradoxalement, la surinformation y contribue. Tant de choses s'écrivent et se publient qu'aucun de nous ne peut tout vérifier. Paradoxalement aussi, alors que l'on aurait pu espérer que la démultiplication de l'information s'accompagnerait d'une pluralité de points de vue, nous voyons au contraire proliférer cette pensée unique qu'il est de bon ton de dénoncer… sans pour autant qu'on lui propose de remède.

L'ambition de cette collection n'est pas de substituer une pensée dogmatique à une autre, ni des croyances à d'autres. En mettant en lumière divers mensonges, elle n'a pas pour but de proposer à leur place des vérités absolues. Son objectif premier est de contribuer à développer en chacun le discernement, la curiosité ; à accepter – quand nous n'avons pas d'autres choix – l'incertitude ou la pluralité d'opinions qui caractérisent tous les domaines intellectuels et scientifiques.

Les points de vue exprimés ici et les mensonges mis en évidence peuvent nous surprendre, voire parfois nous choquer. Devons-nous alors *croire* ou rejeter ce qu'affirme tel auteur ? Ni l'un ni l'autre : il ne s'agit pas de « croire », mais de constater, dans un premier temps, que sur un même sujet existent des informations divergentes. De chercher, ensuite, de se documenter et de réfléchir ; chaque ouvrage comporte une bonne bibliographie à cet effet. De vérifier, quand c'est possible. De tenter de se forger une opinion – ou plusieurs. D'accepter l'inconfort du doute, enfin, quand on ne peut pas faire autrement.

Il faut deux yeux pour voir en relief, deux oreilles pour entendre en stéréo. Il est sain, sur un même sujet, de pouvoir cultiver au moins deux points de vue différents, voire opposés, comme le pratiquaient les sophistes de la Grèce antique. *Le signe d'une intelligence supérieure*, disait Scott Fitzgerald, *est de pouvoir entretenir simultanément deux idées contradictoires dans son esprit, et de continuer d'agir.*

CONTINUER D'AGIR. La diversité d'opinions ne doit pas nous paralyser, mais nous donner envie d'aller plus loin, jusqu'à développer une vision plus claire et plus complète.

Si cette collection pique votre curiosité, si elle titille vos méninges et vous stimule à remettre en question certaines idées, à douter de croyances déguisées en savoir et à donner plus de relief à vos opinions, elle aura atteint son but.

OLIVIER CLERC

“ *Il y a assez de tout dans le monde pour satisfaire aux besoins de l'homme, mais pas assez pour assouvir son avidité.*

GANDHI

“ *Les économistes sont présentement au volant de notre société, alors qu'ils devraient être sur la banquette arrière.*

JOHN MAYNARD KEYNES

“ *Tout ce qui est impossible reste à accomplir.*

JULES VERNES

QUELQUES MOTS POUR SITUER LES CHOSES…

Il est une plaisanterie qui circule : « Un économiste est une personne qui sait vous expliquer après coup pourquoi les prédictions qu'il avait faites avant ne se sont pas produites. »

Car s'il est un mensonge, c'est bien celui de vouloir présenter l'économie comme une science « exacte », qui s'imposerait à l'homme comme la physique. Ce sont les économistes qui lui donnent une apparence « scientiforme » en l'habillant de tableaux, graphiques et équations mathématiques incompréhensibles par le commun des mortels. Si l'économie est une science, et elle l'est selon nous, c'est une science humaine, donc tout sauf exacte.

De quoi parle-t-elle ? De la façon dont les hommes se sont organisés, depuis la nuit des temps, pour survivre individuellement et en groupe. Elle n'est rien d'autre qu'un ensemble de règles du jeu arbitraires que les hommes se sont données pour produire et partager ce qui était nécessaire à leur subsistance. Et ces règles évoluent bien évidemment selon l'époque, le lieu, la façon dont l'homme voit la vie et le monde, les connaissances et les techniques du moment.

Nous vivons aujourd'hui dans un monde très sophistiqué ; les connaissances sont immenses, les technologies avancées et en évolution constante. Pour parler de « l'évolution », on s'exprime en « ère », quand on remonte bien loin dans l'histoire, puis en âge, en millénaire, en siècle. On parle aujourd'hui en décennies. Car le monde n'est plus le même d'une décennie à l'autre. Nous sommes maintenant plus de six milliards à la surface de la planète et, chose que l'homme réalise depuis seulement très peu de temps, les ressources naturelles sont épuisables, l'eau, l'air, la terre, peuvent être pollués, les climats déréglés par nos modes de vie. Or les bases de l'économie moderne ont été jetées voici deux cents ans à une époque où les ressources étaient pour ainsi dire intactes, la population six fois moindre et l'industrie en train de naître. Mais, fait incroyable, ce sont les règles que les économistes de l'époque ont définies pour répondre aux enjeux de leur temps qui continuent de s'appliquer !

Alors, mensonges de l'économie ? Par définition, comment y en aurait-il dans la mesure où il n'y a pas de vérité économique non plus ? Comme toute science humaine, elle est relative. En revanche, vous aurez peut-être remarqué un phénomène récurrent chez les hommes. Une idée brillante au départ, correspondant exactement au problème du moment, est érigée en dogme par son succès, de sorte qu'on s'y accroche comme un naufragé à sa bouée, même quand elle devient inappropriée. C'est ce qui nous semble être la caractéristique de l'économie mondialisée actuelle qui n'est faite que de théories présentées comme vérités absolues, d'idées toutes faites, de conceptions erronées. C'est de cela que nous allons parler dans ce livre, pas pour le plaisir de la causerie, quoi que nous espérons que vous la trouverez plaisante, mais parce qu'il nous semble essentiel que chaque citoyen réalise que la « bouée salvatrice » n'est que gueuse de plomb !

MENSONGE N° 1

C'est l'État qui fabrique l'argent qui est garanti par l'or

Qu'on en ait peu ou beaucoup, il est très présent dans notre vie. Il est là, petites pièces blanches et jaunes cliquetant dans le fond de notre poche, billets craquants bien rangés dans notre portefeuille. Il est là, enfermé dans notre carnet de chèque attendant le stylo pour être révélé. Il est là, dans le plastique coloré de nos cartes de paiement et de crédit. Il est là, sur les étiquettes, les catalogues, les factures qui rivalisent avec les publicités dans notre boîte aux lettres ; on en parle, pas trop, par pudeur ou précaution, on l'espère en jouant au loto, tout en affirmant à qui veut bien entendre qu'il ne nous intéresse pas. Il est là, en filigrane, derrière ce que nous faisons pour vivre ; il est dans nos rêves, il est dans nos peurs, on l'aime et on le hait, il est au cœur de notre vie et pourtant, on ne le connaît pas. Ou plutôt on croit le connaître de sorte qu'on ne se pose pas de questions, au-delà de savoir comment faire pour en avoir.

Il est deux croyances courantes :

- La première est de penser que derrière la scène économique où s'agitent les acteurs, c'est l'Etat qui, dans les coulisses, tirerait les ficelles, tiendrait les cordons de la bourse.
- La deuxième est que l'argent que nous utilisons tous les jours, sous des formes diverses, serait en fin de compte garanti par l'or. La quantité globale d'argent – masse monétaire – qui sert chaque jour aux transactions réglées en espèces ou au moyen d'autres supports plus dématérialisés les uns que les autres, aurait son équivalence en or dans les caves de nos Banques Centrales.

En fait, pour la plupart d'entre nous, l'argent serait une sorte de gâteau dont la grosseur déterminerait la valeur, selon le cours de l'or. L'État, ensuite, au moyen de sa Banque Centrale, émettrait la monnaie à équivalence ou à peu de chose près. Car personne n'est dupe ; nous avons tous entendu parler de la « planche à billets », et nous n'ignorons pas que l'argent en circulation est d'un montant supérieur à l'or détenu en réserve. Mais telle est l'idée générale que personne ne vient contredire. Les autorités politico-financières savent fort bien que telle n'est pas la réalité, mais vous observerez le silence pudique qui règne sur la question. Non que l'on cherche à nous faire croire autre chose, mais il semble à l'évidence qu'il n'y ait aucune envie de nous détromper, ce qui revient au même. Nous n'aborderons pas immédiatement la question de savoir quel intérêt « ceux qui savent » ont à nous laisser dans une fausse croyance, ces raisons apparaîtront d'elles-mêmes, au fil des pages de ce livre.

Eh bien non, ce n'est pas l'État qui décide, mais la Banque Centrale – en Europe la Banque Centrale Européenne – BCE – indépendante des États et souveraine de sa politique.

Eh bien non, l'argent n'est pas garanti par de l'or, il est maintenant totalement dématérialisé et ceci sur le plan mondial ; il n'a plus aucun lien avec un étalon matériel quelconque. Il est créé par les banques commerciales, à partir de rien – « ex nihilo » – par le biais de l'emprunt.

Le deuxième « mensonge » nous révélera les coulisses de la création monétaire, mais pour l'heure, nous allons tâcher de mettre en lumière ce qui a bien pu se passer, car la croyance populaire ne l'a pas inventé tout de même ! Elle se fonde bien sur une réalité, mais une réalité ancienne dont les éléments déterminants se sont joués dans les dernières décennies, et dont les ingrédients se perdent dans la nuit des temps.

■ DE L'OR ET DES ROIS

L'or n'a pas toujours été associé à la richesse mais, d'abord, au pouvoir. Avant, et au début de notre ère, même si la monnaie métallique avait commencé à être utilisée dans les échanges marchands, les métaux précieux, les pierreries, les perles servaient avant tout à la confection d'objets d'art et de parure, offerts aux dieux et aux puissants de ce monde, en signe de reconnaissance de leur puissance et pour s'attirer leurs bonnes grâces. Le commerce, en ces temps reculés, était fondé principalement sur le troc, pour la simple raison qu'il y avait peu de choses à échanger. Les communautés villageoises se suffisaient à elles-mêmes; quant aux expéditions lointaines, elles visaient à rapporter les soieries, épices et autres raretés appréciées des puissants, contre le seul prix de verroterie et objets de pacotille de peu de valeur à leurs yeux. N'oublions pas non plus que le travail, alors, n'était pas rémunéré car abandonné aux esclaves. Pendant longtemps, le pouvoir sera militaire et religieux, le travail non valorisé et le commerce asservi au pouvoir. Survivre, c'était avoir de la terre, de la main d'œuvre pour la cultiver, un peuple nombreux pour la défendre. Dans cette optique les peuples en formation ont été naturellement poussés à conquérir de nouveaux espaces, à accaparer les richesses des populations autochtones et à les asservir.

Après la chute de l'Empire romain, les États éclatent en une multitude de seigneuries d'importance très diverse. Et c'est la société féodale qui va s'ébaucher. Époque, elle aussi, éminemment militaire et religieuse.

D'un côté les chevaliers : ils ne travaillent pas. Ils guerroient pour leur suzerain, protègent et font prospérer leur domaine à l'intérieur d'un système hiérarchique où l'un est toujours vassal de l'autre, lui assurant fidélité et service.

De l'autre, la hiérarchie religieuse : elle est présente au plus haut des instances politiques comme au cœur des campagnes les plus reculées, par le biais des monastères autour desquels vont se modeler les paysages et s'organiser la vie. Les forêts et terres en friches leur sont allouées par les seigneurs propriétaires des lieux contre redevance. Ils attirent alors une population paysanne qui trouve, là, meilleure condition d'existence que dans les villes plus exposées à la famine. Ces paysans vont cultiver la terre sur laquelle ils ont droit de tenure[1], en vivre, et de vendre leurs surplus au

---

1. On se représente souvent le Moyen Âge comme une époque sombre, de grande injustice sociale, où le paysan ne connaît pas de meilleurs jours que l'esclave sous l'Empire romain. Il faut, certes, replacer les choses dans leur contexte ; la vie n'est, sans doute, pas rose mais le travail, est par certains aspects, respecté et valorisé comme il ne l'est plus de nos jours. La « tenure », par exemple, est un droit de propriété additionnel qu'acquiert l'exploitant par le simple fait de valoriser la terre par son travail, contre légère redevance au suzerain qui ne perd pas pour autant ses droits sur le fonds nu. Raymond Delatouche, dans son livre *La chrétienté médiévale, un modèle de développement* nous dit, à ce propos : *l'appropriation par le paysan du fruit de son travail, de son investissement, est le ressort fondamental et caractéristique du développement médiéval. La tenure perpétuelle est la formule normale de l'expansion rurale et aussi des concessions de terrains pour les établissements urbains… La redevance est légère : il s'agit de terres en mauvais état ; le seigneur est demandeur ; il tient avant tout à peupler son domaine.*

marché. Naissent ainsi les villages et les bourgs, apparaissent les places de marché où le commerce, peu à peu, va prospérer. Car c'est l'époque où le marchand et le banquier, les deux étant le plus souvent confondus [2], vont prendre une place d'importance croissante, prépondérante à la Renaissance et triomphante après la Révolution française.

Pour l'heure, nos seigneurs guerroient pour étendre leur domaine et asseoir leur autorité. S'assurer la fidélité de son peuple coûte cher ; conclure des alliances coûte cher ; lever et entretenir des armées aussi. La conquête rapporte de l'or, l'entreprendre en fait dépenser. Car, l'argent, qui lentement, prend le pas sur le troc, n'est fait que de monnaie métallique dont la circulation de coffres en bourses part de la tête – le Roi qui, seul a le droit de battre monnaie [3] – vers le bas – le peuple. En France, la monnaie sera d'abord faite d'argent, frappée dans les ateliers situés à même les mines des rois francs. D'où son nom. Plus tard, l'or s'imposera et deviendra la référence internationale, sous la pression des Lombards qui dominèrent le commerce, d'une part, et des Espagnols ensuite qui, des Amériques, en revinrent chargés [4].

---

2. L'activité de banque est une activité complémentaire que les marchands les plus prospères développent sans pour autant cesser leur négoce.

3. D'où l'expression de « droit régalien ».

4. Que la première monnaie des Carolingiens ait été faite d'argent explique pourquoi la monnaie a conservé le nom « d'argent » même après que l'or soit devenu la référence.

Les caisses des royaumes sont ainsi plus souvent vides que pleines et, quand l'impôt n'y suffit plus, l'aristocratie frappe à la porte des marchands banquiers pour leur emprunter les fonds qui lui manquent. C'est ainsi qu'au fil de l'histoire les marchands tireront profit des nécessités où se trouvent régulièrement les seigneurs, les princes et les rois. Dans cette partie de bras de fer, les premiers verront grandir leur pouvoir à mesure que s'amenuisera celui de la noblesse, sous l'effet de la dépendance dans laquelle ils les tiennent. Car, chaque fois qu'ils consentent un prêt, non seulement ils s'enrichissent, par l'intérêt substantiel qu'ils réclament, mais aussi par les privilèges qu'ils parviennent à obtenir en reconnaissance de leurs bons et loyaux services…

■ L'ASCENSION DES BANQUIERS

Mais l'activité de banquier ne s'ancre pas dans la seule nécessité d'emprunt dans laquelle se trouvaient certains. Elle répond à deux autres besoins majeurs de l'époque :

– Le besoin de sécurité : transporter des bourses ou des coffres remplis de pièces d'or ou d'argent sur les chemins déserts, rendait l'aventure périlleuse. Sans doute la justice royale savait-elle marquer les esprits et dissuader du brigandage en soumettant au supplice de la roue, ou autre « gâterie » du même genre, ceux qui s'y risquaient. Mais les mailles du filet étaient larges, de sorte que détrousser le riche sur les grands chemins restait une activité dont le prix valait la chandelle.

Cela fera germer une brillante idée dans la tête des banquiers. Ils font deux propositions aux gens fortunés : pour éviter de se faire voler pendant une longue absence, ils leur offrent la possibilité de déposer chez eux leurs valeurs, contre rétribution ; quant aux sommes qui leur sont nécessaires pour leurs affaires, ils les invitent aussi à les laisser en dépôt chez eux. En échange, ils leur remettent, dans le premier cas, un certificat de dépôt par lequel ils s'engagent à restituer à la demande l'argent chez eux déposé, déduction faite de la commission convenue et, dans le deuxième, une lettre de change qu'il suffit de présenter à un confrère à destination[5]. Celui-ci échange alors le document contre remise des sommes mentionnées dessus, moins rétribution. Chaque banquier tient ses comptes et s'arrange ensuite avec ses pairs.

– Le besoin de compenser le manque de monnaie métallique : que ce soit par nécessité politique ou nécessité marchande, les besoins « d'argent » allaient grandissant, en proportion supérieure à celle de la production de métal précieux, du moins avant la découverte du Nouveau Monde.

5. N'oublions pas que les marchands, pour résister de meilleure façon à l'autorité des seigneurs, vont se grouper en corporations, associations, confréries et organiser leur travail internationalement.

L'inflation, qui consiste à rogner un peu de métal sur chaque pièce pour en fabriquer de nouvelles, sans modifier la valeur nominale, sera pratiquée très tôt. Mais elle n'est pas du ressort des banquiers qui n'ont pas pouvoir sur la monnaie. Celle-ci, ne l'oublions pas, est le fait du prince ! En revanche, ils vont développer une technique financière qui va permettre de répondre, en partie au moins, à ce besoin, tout en leur assurant une source de revenus non négligeable. Représentez-vous les choses :

Voilà donc nos banquiers à la tête de sommes considérables déposées chez eux pour raison de sécurité. Certes, cet argent ne leur appartient pas. Mais ils remarquent que les documents qu'ils émettent servent de moyen de paiement, de sorte que les porteurs ne viennent pas systématiquement en demander l'escompte[6] en monnaie métallique. Pourquoi ? Parce qu'il suffit, pour payer une créance, d'endosser[7] le billet à ordre dont on est porteur, au profit du créancier. Ce dernier peut, à son tour, soit l'utiliser comme moyen de paiement, soit aller en demander l'escompte au comptoir de la banque désignée. Ainsi, les billets passent-ils souvent

---

6. Une promesse de paiement est assortie d'une date d'échéance. Escompter une lettre de change, lorsque vous en êtes le bénéficiaire, c'est demander à un intermédiaire financier de vous payer le montant de la lettre avant son échéance.

7. Si vous êtes bénéficiaire d'un titre de paiement, et que vous voulez en transférer le bénéfice à une autre personne, vous endossez le titre, c'est-à-dire que vous attestez, par votre signature, apposée au dos, que vous transférez vos droits.

de main en main, permettant la réalisation de transactions, sans avoir recours à la monnaie, avant d'être présenté tôt ou tard à la banque pour escompte. Il résulte de cela qu'une bonne partie du métal précieux « dort » dans les coffres. Mais quand l'argent dort, le banquier fait des cauchemars ! Ce n'est pas digne de son art. Alors, il le prête… Oh, sagement ! En prenant bien soin de ne pas se mettre en position de ne pas pouvoir honorer ses engagements, mais il prête cet argent qui ne lui appartient pas, de sorte qu'une même quantité de métal précieux lui rapporte deux fois et donne lieu à émission de « valeurs papier » faussement garanties.

Ainsi naquit le principe de « la planche à billets » ; ainsi commença la dématérialisation de l'argent ouvrant la voie au billet de banque[8]. Il ne s'imposera pas d'emblée, car la vraie valeur, dans l'esprit des gens, reste attachée à l'or. Il passera par des crises de confiance qui pousseront les détenteurs à s'agglutiner aux portes des institutions bancaires pour en demander le change en or, mais il se généralisera malgré tout, sur la foi, garantie par les États, de leur remboursement en métal, à demande.

8 Le papier-monnaie est en réalité apparu bien plus tôt, en Chine, aux alentours de l'an 800 après J.-C. Mais en Occident il sera introduit en Angleterre à partir de la formation des banques régionales au XVIIe siècle, en France par la Banque générale, au début du XVIIIe siècle. (source : Manuel pédagogique *Pourquoi la stabilité des prix est-elle importante pour vous ?*, édité par la BEC – Dieter Gerdesmeier).

■ ÉCHEC AU ROI

Mais ne brûlons pas les étapes. Pour l'heure, nos marchands sont au moins aussi soucieux de s'enrichir que de se faire une place dans cette société dominée par une noblesse désœuvrée mais détentrice de tous les pouvoirs. Or, comme nous le disions plus haut, ils vont patiemment construire cette place en rendant l'aristocratie de plus en plus dépendante de l'argent qu'elle trouve chez eux et dont elle a besoin pour financer ses ambitions. Pour vous en donner la mesure, voici ce que nous rapporte Pierre Jeannin dans son livre *Les marchands au XVI*e *siècle*, paru aux éditions du Seuil :

C'est donc entre 1495 et 1525, que les Fugger s'affirment comme la plus grosse firme commerciale et bancaire de toute l'Europe, grâce à la maîtrise que déploie Jakob le Riche, notamment en qualité de principal bailleur de fonds des Habsbourg. Son intervention dans l'élection impériale de Charles Quint, en 1519, est décisive : sur le total de 850 000 florins que coûtent les voix des électeurs, les Fugger en fournissent pour leur compte plus de 540 000. Peu de temps auparavant, c'étaient les agents des Fugger qui encaissaient le prix des indulgences dont la prédication fut l'occasion de la révolte luthérienne : une moitié du montant leur revenait pour rembourser le prêt consenti à Albert de Brandebourg quand celui-ci avait dû payer son siège archiépiscopal de Mayence. L'image du grand banquier tenant sous sa dépendance financière les deux moitiés du monde, le Pape et l'Empereur est à peine forcée [...] C'est avec les Habsbourg eux-mêmes, éternels emprunteurs rarement en état de rembourser, qu'il convient de jouer le plus serré : pas de crédit sans octroi de privilèges, de protections utiles, ou de solides garanties : assignation de revenus ou remise de gages bien tangibles, souvent des terres, parfois des joyaux de la couronne...

Si nous prenons ici l'exemple du plus puissant marchand de l'époque ce n'est que pour illustrer ce qui se joue entre bourgeoisie et noblesse, en tous lieux et à tous niveaux. L'acte symbolique qui consacre, à nos yeux, le triomphe des premiers sur les seconds, de la finance sur le politique, est la création de la première banque centrale : la « Banque d'Angleterre » en 1694. Oh ! Ne vous laissez pas abuser par son nom[9]. Elle n'a rien d'un organisme public, sous tutelle de la couronne. Il s'agit d'une charte accordée à un regroupement de banquiers en considération d'un prêt à 8 % de 1 200 000 livres sterling, faisant lui-même suite à une longue série de « services » qui contraignit la couronne à concéder cet immense privilège. La charte devait expirer après remboursement de la dette. L'une et l'autre furent toujours reconduites. Pour nous, cet événement

9. Vous remarquerez que les banques centrales portent toujours des noms qui prêtent à croire qu'il s'agit d'organismes d'État. Cela tient sans doute au fait que les banquiers aiment agir dans la discrétion et ont toujours trouvé intérêt à laisser croire que l'argent dépendait de lui et non d'eux.

emblématique illustre l'assujettissement du Royaume à ses sujets les plus riches. L'Angleterre n'est pas un cas d'espèce, les autres pays suivirent de la même façon, et pour les mêmes raisons, si l'on met à part les circonstances spécifiques qui jouèrent à chaque fois, mais dont le levier principal reste toujours le même.

■ TRIOMPHE DE LA BANQUE ET DU PAPIER

Suivirent les XVIIIe et XIXe siècles. Avec le triomphe de la bourgeoisie et l'empreinte toujours plus large du commerce qui s'organise et lance les bases de l'économie moderne autour de l'industrie naissante, la monnaie métallique cède la place à la monnaie fiduciaire [10] et la monnaie scripturale [11]. Les pratiques bancaires issues du Moyen Âge se développent, se généralisent et entrent dans les mœurs parce qu'elles arrangent tout le monde. Les particuliers et les marchands trouvent leur utilisation plus pratique; les banquiers ont une marge de manœuvre beaucoup plus large puisqu'elle leur ouvre la possibilité d'émettre plus

10. Vient du latin *fiducia*, la confiance. Une monnaie fiduciaire est une monnaie dont la valeur repose sur une convention, en l'occurrence celle d'obtenir l'équivalent de sa valeur nominale en or sur simple demande. Ce sont les billets de banque.

11. Tiré également du latin *scriptura* signifiant « écriture » parce que, avant l'ordinateur, elle était écrite dans les livres de comptes des banquiers. Une monnaie scripturale est une monnaie qui repose sur un simple jeu d'écritures. Ce sont les chèques, traites, billets à ordre, transferts, mandats, etc.

d'argent qu'ils ne détiennent d'or en réserve et de réaliser, ainsi, de substantiels profits fondés sur… du vent. Le passage à « l'argent papier » correspond à une évolution considérable des esprits qui marque l'acceptation tacite de la dématérialisation de l'argent, quand bien même cette acceptation reste fondée sur la confiance d'être remboursé en or à première demande. C'est le début de l'ère de « l'étalon or ».

D'immenses empires industriels et financiers s'étendent, comme ceux des Rothschild ou des Rockefeller, pour ne nommer que ceux-là. Ceux sont les premiers qui aident en sous-main, Alexander Hamilton qui leur devait son poste de ministre des Finances des États-Unis, à fonder la « First National Bank of the United States », première banque centrale américaine. Elle deviendra en 1913 la « Federal Reserve Bank » – actuelle banque centrale – sous contrôle des plus grands banquiers New-Yorkais, contrairement à ce que son nom pouvait laisser supposer. Ce contrôle fut obtenu, comme d'habitude pourrait-on dire, en raison de la dette que les États-Unis avaient déjà contractée auprès des banques, et d'une nouvelle nécessité d'emprunt.

C'est ainsi que ne cessa de s'affirmer le pouvoir de l'argent, par les agissements discrets, habiles et efficaces des banquiers, qui surent enterrer la hache de guerre et s'associer, chaque fois que l'intérêt supérieur de « la Banque » était en jeu. Voyez, à titre d'exemple, la lettre que les Rothschild adressent le 25 juin 1863 à Messieurs Ikelheimer, Morton & Vanderground, 3. Wall Street, New York [12].

Messieurs,

Un certain Mr John Sherman nous a écrit d'une ville de l'Ohio aux États-Unis concernant des bénéfices qui peuvent être réalisés par des manœuvres de la Banque nationale grâce à un récent décret de votre Congrès. Une copie de ce décret accompagne la lettre de Mr John Sherman. Apparemment, ce décret a été promulgué selon le plan formulé par l'Association britannique des banquiers et recommandé par cette association à nos amis américains en disant que si ce plan prenait force de loi, il en découlerait de grands profits pour la fraternité des banquiers dans le monde entier.

Mr Sherman déclare qu'il n'y a jamais eu autant de chance pour les capitalistes d'accumuler de la monnaie que par cette loi. Elle donne presque tout pouvoir à la Banque nationale sur les finances de la nation.

Il dit que les quelques personnes qui comprennent ce système, ou bien, seront si intéressées à ses profits, ou bien, dépendront tellement de ses faveurs, qu'il n'y aura pas d'opposition de la part de cette classe ; alors que la grande masse du peuple,

12. Cette lettre est tirée du livre *Paws in the game* (Des pions sur l'échiquier), par William Guy Carr.

intellectuellement incapable de comprendre les formidables avantages que tire le capital du système, portera son fardeau sans plainte et peut-être sans s'imaginer que le système est contraire à ses intérêts. [13]

Vos serviteurs dévoués
Rothschild Frères

Puis l'Europe s'embrase et s'épuise dans ses guerres, tandis que la nation de l'Oncle Sam se transforme en machine à produire pour les pays du champ de bataille et attire à elle tout l'or du monde, en se faisant payer en métal jaune. Jugez-en plutôt : La Federal Reserve qui détenait, en 1913, 15 % des réserves d'or mondiales, en contrôle 30 % en 1920 et 75 % en 1944. Les pays belligérants, exsangues aux sens propre et figuré, abandonnent les uns après les autres la convertibilité de leur monnaie et leur donnent cours forcé [14]. C'est cette situation exceptionnelle qui permettra à la délégation des États-Unis, conduite par Dexter White, de faire triompher son plan, lors des accords de Bretton Woods signés le 22 juillet 1944. C'est le « *gold exchange standard* » – système de change or – qui s'impose. Le roi « or » est mort,

13. Le cynisme de cette lettre peut scandaliser. Ne généralisons toutefois pas et n'attribuons pas ce cynisme aux seuls banquiers. Il faut resituer les propos à l'époque où ils ont été écrits ; ils sont plutôt représentatifs du clivage social qui régnait alors et du peu de considération qu'avait la classe possédante pour le peuple. C'est ce genre d'attitude, courante alors, qui suscitera un Karl Marx et le communisme.

14. Obligation de l'accepter en paiement à l'intérieur du territoire national.

vive le roi « échange or » ! Concrètement, cela veut dire que, seul, le dollar américain est reconnu comme « valant autant que l'or » ce qui lui vaudra le privilège de porter, jusqu'en 1971, la mention « *as good as gold* »[15]. Dans ce système, la monnaie américaine devient « La » monnaie de réserve internationale, l'or n'étant plus que la valeur de réserve de dernière instance. Le dollar s'apprécie, par rapport à l'or, à parité fixe de 35 dollars l'once, tandis que toutes les autres monnaies s'apprécient, elles, par rapport au dollar.

■ LES DERNIERS JOURS DE LA GARANTIE OR

La période de reconstruction qui va suivre, que l'on appelle communément les Trente Glorieuses, verra les nations renaître de leurs cendres et s'enrichir à nouveau, tant du côté des vainqueurs que du côté des vaincus. Les États-Unis vont, certes, conserver leur domination commerciale en participant largement à la reconstruction mais, si leur balance commerciale est excédentaire, leur balance des capitaux, elle, est déficitaire pour la raison que, pendant cette période, ils achètent de nombreuses entreprises et biens immobiliers à l'étranger. C'est ainsi qu'une bonne partie de l'or américain va retourner vers les nations renaissantes qui, grâce au redémarrage de leur économie et aux investissements américains, ont du dollar à échanger. La planche à

15. Aussi bon que l'or.

billets tourne fort chez l'oncle Sam ! Pensez donc, il en faut du dollar dans le monde quand on est la devise du commerce international ! Et tandis que la quantité de dollars augmente, le stock d'or, lui, qui en garantit la valeur, diminue.

Rien d'étonnant à cela, toutefois. Ce n'était que l'évolution normale que devaient produire les décisions prises à Bretton Woods. Elles ne visaient pas, en effet, à conférer à une nation une suprématie sur les autres, mais cherchaient à répondre à une situation exceptionnelle et à permettre un rééquilibrage qui devait conduire, une fois les choses redevenues « plus normales », à la définition d'un nouveau système monétaire international [16]. C'est le général de Gaulle qui, dans sa conférence de presse du 4 février 1965, bat le rappel et propose la renégociation des accords de 1944 en précisant : *Comme le problème peut être considéré dans les conditions voulues de sérénité et d'objectivité – car la conjoncture actuelle ne comporte rien qui soit, ni très pressant, ni très alarmant – c'est le moment de le faire* [...] car *les circonstances sont telles aujourd'hui qu'on peut se demander jusqu'où*

16. C'est ce que souligne le Général de Gaulle dans sa conférence de presse le 4 février 1965, lorsqu'il rappelle que les accords de Bretton Woods ne valaient que parce que *presque toutes les réserves d'or du Monde se trouvaient... détenues par les États-Unis. mais que le total des réserves d'or des Six équivaut aujourd'hui à celui des Américains. Il le dépasserait même si les Six décidaient de transformer en métal précieux les dollars qu'ils ont à leur compte.* Puis il ajoute : *C'est-à-dire que la convention qui attribue au dollar une valeur transcendante comme monnaie internationale ne repose plus sur sa base initiale, à savoir, la possession par l'Amérique de la plus grande partie de l'or du monde.*

irait le trouble si les États qui détiennent des dollars en viennent tôt ou tard, à vouloir les convertir en or ? Il ne fut pas entendu… Trente ans s'étaient alors écoulés et l'on peut imaginer que les États-Unis ne ressentaient plus un besoin pressant d'aller renégocier des accords dont ils tiraient tant d'avantages !

Au début des années soixante-dix, la situation n'est plus tenable d'autant plus que l'Amérique, enlisée dans sa guerre au Vietnam, perd de son aura. C'est ce qui conduira le président Nixon, le 15 août 1971 à décréter la suppression de la garantie or du dollar. Cela, pour le coup, est un pavé dans la mare car, en fait, de période transitoire, qui devait déboucher sur une renégociation des accords, voilà les États-Unis confirmés dans leur position dominante sur le reste du monde. Car le dollar, même non garanti par l'or, reste la monnaie de réserve et la communauté internationale qui, ayant constitué, au fil des ans, des réserves dans cette devise, essentielle aux échanges, ne peut crier au scandale et bouder le dollar sans s'appauvrir elle-même et risquer une crise majeure. Les accords de Washington, le 18 décembre 1971, entérinent la décision du président Nixon. « L'étalon dollar » est né ! Donnant aux États-Unis le privilège de pouvoir payer ce qu'ils doivent avec une monnaie qu'il leur suffit d'émettre, garantie par elle-même ou tout comme : les bons du trésor de la Réserve Fédérale.

Depuis cette date, plus aucune monnaie sur cette terre n'est reliée à une équivalence matérielle quelconque. L'argent n'est plus qu'une virtualité qui n'a d'autre valeur que la confiance qu'on lui accorde, répondant à la seule logique de l'offre et de la demande.

Ainsi sommes-nous passés d'une monnaie permanente, émise par les rois, représentée autrefois par des pièces d'or et d'argent et, plus récemment, par des billets garantis par de l'or, à une monnaie de banque, totalement dématérialisée et temporaire. Pourquoi temporaire ? Parce que l'argent est « créé » par les banques commerciales à l'occasion des demandes de prêts… qui, pour une maison… qui, pour une voiture, un bien d'équipement public ou privé, la création d'une entreprise, une facilité de caisse, un découvert etc. L'argent ainsi émis constitue la masse monétaire[17] et n'existe qu'entre le moment où il est emprunté et celui où il est remboursé ; argent de dette au point que, si tous les emprunts et dettes du monde étaient remboursés en cet instant, il n'y aurait plus un sou vaillant à la surface de la Terre. La masse monétaire mondiale n'est pas un « gâteau d'or » à se partager, comme beaucoup le croient encore, mais le reflet de l'argent que les banques commerciales créent chaque fois qu'elles consentent un crédit.

---

17. Montant global de l'argent en circulation.

■ QUELLE IMPORTANCE ?

La belle affaire !, nous direz-vous peut-être... Qu'il soit garanti par de l'or ou non, qu'il soit gouverné par l'Etat ou la banque, cela fait-il une différence ?

Nous le découvrirons de façon plus précise au hasard des autres « mensonges » dénoncés dans ce livre, mais nous pouvons, dès à présent, répondre ceci :

Pour ce qui est de la garantie or, le fait que les monnaies soient maintenant totalement dématérialisées est plutôt une bonne nouvelle à nos yeux. En effet, où réside la vraie valeur ? Dans l'or ? N'est-elle pas plutôt dans tout ce qui constitue ce vaisseau spatial que nous habitons – la Terre – dans la vie, le travail et le potentiel créatif des êtres humains ? Et s'il n'y avait pas d'or sur notre planète, cela changerait-il quelque chose à la valeur de tout cela ? Si vous êtes perdu dans le désert, des sacs d'or pendus à la selle de votre chameau, où se situe la richesse : dans les sacs ou dans les quelques litres d'eau que contient encore votre outre ? Voilà la prison dans laquelle s'est enfermée l'humanité : donner la valeur au symbole – l'or – au lieu de la donner à la vraie richesse – tout ce qui permet de vivre et de s'épanouir. Sans doute ne sommes-nous pas beaucoup plus avancés depuis l'abandon de la garantie or, dans la mesure où la valeur est plus que jamais placée dans le symbole – posséder de l'argent – mais quelle évolution aurions-nous pu espérer d'un système de valeur dépendant d'une quantité de métal précieux sans lien direct avec la vraie richesse manifestée ? Même si l'homme reste enfermé pour le moment dans la même prison, menacée d'effondrement par la position dominante injustifiée du dollar américain, au moins la dématérialisation de l'argent et le principe de création monétaire représentent-ils un immense changement de la pensée, comme un tunnel percé vers une évasion possible. Le sort de l'homme n'est plus limité à une quantité d'or disponible mais aux seuls choix qu'il fera.

Quant à savoir si la gouvernance de l'argent revient de droit à l'État ou aux banques, la réponse mérite nuance. Si le choix se limite à se demander s'il est préférable de la confier à un système bancaire avide de profits ou à un système politique avide de pouvoir, il est probable que dans les résultats, ce soit bonnet blanc et blanc bonnet. Il n'en demeure pas moins que l'argent, selon nous, doit être considéré comme le sang du corps de l'humanité dont la gouvernance ne peut que relever de la tête et non de l'un de ses organes. Le destin des peuples devrait être conditionné par ses choix politiques, au sens noble du terme, et non dicté par le commerce ou la finance. La question ne devrait même pas se poser ! Pourtant, c'est bien ce dernier cas de figure qui préside actuellement, de sorte que la marge de manœuvre de nos gouvernements est restreinte à ce que leur autorisent ceux qui tiennent les cordons de la bourse.

C'est donc aux États que devrait revenir ce privilège de l'émission monétaire mais, pour que cela se traduise par un réel progrès pour l'humanité, encore faudrait-il que le principe démocratique soit porté à un niveau autrement plus probant que ce qu'il est aujourd'hui. Là encore, la réponse est en chacun de nous, et pas ailleurs.

MENSONGE N° 2

Les banques prêtent l'argent des épargnants

Un point est maintenant acquis : le pouvoir de création monétaire[1] est passé de l'État aux banques privées, par l'ouverture de crédits aux particuliers, aux entreprises et même aux États. Mais cet argent qu'elles prêtent, d'où vient-il ?

Si vous avez un besoin d'argent et si vous ne voulez pas avoir recours à l'emprunt bancaire, vous vous tournez spontanément vers ceux que vous supposez en avoir « en réserve ». Dans notre esprit, l'argent qui est prêté à certains

1. L'expression « créer la monnaie », signifie, tout simplement, mettre en circulation de la monnaie nouvelle venant s'ajouter à celle déjà existante.

existe bien quelque part et provient de ceux qui ont la chance ou la sagesse d'en mettre de côté. Qui n'essaie pas de se constituer une épargne ? « Une poire pour la soif » comme on dit. Alors, si nos enfants ou notre meilleur ami se trouvent momentanément dans le besoin, nous cassons notre tirelire et confions notre « trésor » à ces personnes assez chères à nos yeux pour prendre ce risque. Lorsque l'argent prêté à l'un sort de la poche d'un autre, on appelle cela un « crédit mutuel ». Il n'y a pas création de monnaie, il y a simple transfert de monnaie [2].

Mais, le plus souvent, lorsque nécessité se fait sentir, nous ne nous tournons pas vers notre famille ou nos amis, par pudeur, parfois, ou crainte, sans doute, que les affaires d'argent viennent ternir l'affection qui nous lie ; alors, on va frapper à la porte de notre banquier, trop heureux de notre démarche – si on est solvable – puisque prêter de l'argent, c'est son métier ! Oh, bien sûr, on sait qu'il n'aura pas la même souplesse que nos proches à notre égard si, par hasard, on n'est pas en mesure de faire face à quelques échéances mais, à part ce « détail », nous pensons qu'emprunter à une banque revient au même qu'emprunter à un particulier. Le banquier n'est-il pas un simple intermédiaire qui a la

2. Le crédit mutuel est aussi pratiqué par des organismes financiers, comme les caisses d'épargne par exemple, qui n'ont pas statut bancaire et qui, du même coup, ne peuvent prêter qu'à hauteur de ce qui est épargné chez eux. Tout le crédit n'est donc pas créateur de monnaie.

possibilité de prêter à ceux qui en ont besoin les économies que des personnes, que nous ne connaissons pas, ont déposées chez lui ? N'est-ce pas l'épargne des uns qui est prêtée aux autres ? Eh bien, non ! Mensonge si on vous l'a fait croire, non-dit dans le meilleur des cas.

En 1971, la Banque de France éditait un opuscule dénommé *la Monnaie et la Politique monétaire* dans lequel elle précisait : *Les particuliers – même paraît-il certains banquiers – ont du mal à comprendre* ***que les banques aient le pouvoir de créer de la monnaie*** *! Pour eux, une banque est un endroit où ils déposent de l'argent en compte et c'est ce dépôt qui permettrait à la banque de consentir un crédit à un autre client. Les dépôts permettraient les crédits. Or, cette vue n'est pas conforme à la réalité,* ***car ce sont les crédits qui font les dépôts.***

Il faut donc rejeter complètement cette idée, sans doute enfouie au fond de votre esprit, que, pour qu'un banquier puisse vous proposer un crédit, il FAUT qu'un épargnant soit passé avant vous à la banque pour y déposer des économies correspondantes au prêt que vous allez demander et, qu'en fin de compte, c'est l'épargne d'un autre que le banquier vous prête, en prélevant sa commission au passage (l'intérêt)… En réalité, c'est l'inverse qui se passe : c'est l'argent emprunté par les uns et les autres qui se retrouve ensuite en partie en épargne. D'ailleurs, avez-vous déjà entendu votre banquier vous annoncer : *Désolé, votre compte est vide, j'ai prêté son montant à un autre client ?* Votre épargne ne disparaît pas de votre compte, elle reste là, disponible immédiatement ou dans des délais plus ou moins longs, selon le type de placement que vous avez choisi, alors que si vous prêtez de l'argent à vos enfants, vous n'en n'avez plus la disponibilité.

Alors, d'où vient cet argent que les banques nous prêtent ? Elles le créent à partir de rien – *ex nihilo* – un système extrêmement obscur que l'on veille à maintenir dans l'ombre; soit que l'on pense qu'il est affaire de spécialiste que l'esprit du commun des mortels ne saurait appréhender, soit que le mettre en pleine lumière risquerait de pousser les esprits « éclairés » à se rebeller. Sans doute est-ce ce qui à fait dire à Henry Ford (1863-1947) : *Il est une chance que les gens de la Nation ne comprennent pas notre système bancaire et monétaire parce, que si tel était le cas, je crois qu'il y aurait une révolution avant demain matin.*

Peu importent les raisons, nous estimons que les citoyens ont le droit de savoir ce qu'ils mangent, aussi vous invite-t-on à visiter « les cuisines » pour mieux comprendre la popote de l'argent. D'avance, pardon pour la complexité de certaines recettes, mais nous vous promettons que nous allons tout faire pour rendre le plat digeste. Toutefois, avant de mettre notre nez dans les casseroles, précisons encore une chose qu'il faut bien avoir à l'esprit :si la plupart d'entre nous croient que les choses sont autres que ce qu'elles sont, c'est qu'il règne un flou artistique savamment entretenu. Est-il volontaire ? Allez savoir !...

Flou, par la dénomination des établissements. Banque de France ! Banque centrale européenne; mais aussi par exemple, Banque nationale de Paris. Autant de noms qui laissent supposer qu'il s'agit d'organismes publics. Or il n'y pas de « banque nationale »; il n'y a que des banques privées, dites « secondaires », au regard de la « première », la Banque centrale. En Europe, par exemple, il n'y a qu'un édifice pyramidal avec à son sommet la Banque centrale européenne – BEC –, émanation des banques centrales des États membres.

Flou par le fait que c'est la Banque centrale européenne – dans l'Euroland ou zone euro [3] – qui est la seule pourvoyeuse des billets de banque, dont elle confie l'impression à chaque banque centrale des États membres. Mais, si l'émission est

3. Rappelons que tous les pays constituant, à ce jour, l'Union européenne n'ont pas encore adopté l'euro. L'Euroland, ou zone euro, sont des termes qui désignent l'ensemble des pays qui ont adopté l'euro, regroupés dans « l'Eurosystème » qui comprend la Banque centrale européenne et les banques centrales des États membres.

une chose, la création en est une autre ! Notons d'une part que les billets et pièces ne représentent guère plus de 15 % de la masse monétaire M1 [4] et que, d'autre part, ce sont les banques commerciales qui induisent l'émission des billets à la BEC dans la mesure où ce sont elles qui « en passent commande », sachant que statistiquement une proportion de 15 % de la monnaie qu'elles créent par le crédit leur sera demandée sous forme d'argent liquide. Les billets de banque sont ainsi consécutifs au mécanisme de création monétaire exercé par les banques privées. C'est ce qui permet à

4. M1 est l'appellation technique utilisée pour désigner « l'agrégat » à l'intérieur duquel est contenu l'ensemble de la monnaie en circulation, fiduciaire et scripturale, et qui sert aux transactions. Ces agrégats sont au nombre de cinq et répertorient les actifs selon leur liquidité. On appelle actif tout objet matériel ou immatériel qui a pour son propriétaire une valeur monétaire actuelle et/ou future. Une voiture ou un kilo de tomates est en ce sens un actif, mais un litre d'eau de mer ou une invention non brevetée n'en est pas. Quant à la « liquidité », on désigne par là la rapidité avec laquelle on peut réaliser un actif. L'argent que l'on a sur un compte courant en banque est immédiatement réalisable, donc très liquide, mais la maison que l'on possède est un actif peu liquide dans la mesure où sa vente peut prendre de longs mois. Les agrégats, classés de M0 à M4 s'emboîtent comme des poupées russes, chacun contenant tous les précédents. M0 est la base monétaire constituée par la monnaie centrale possédée par les banques sur les livres de la Banque centrale. M2 à M4 contiennent en plus de M1, précédemment cité, les comptes d'épargne de plus en plus longue, c'est-à-dire de moins en moins liquide. Par exemple, M2 contient l'épargne à vue (livrets d'épargne), tandis que les SICAV monétaires et les plans d'épargne logement sont dans M3. Pour la zone euro, en novembre 2005, l'agrégat M1 était de 3385,60 G€ (milliards d'euros), alors que le montant des pièces et billets était de 519,60 G€. Cette masse M1 augmente, dans la zone euro, de 10 à 11 % par an. Mal distribuée, elle alimente l'inflation. Pour plus de précisions nous vous recommandons les « fiches » rédigées par Gabriel Galand et Alain Grandjean, auteurs de *La monnaie dévoilée* (L'Harmattan, 1996) que vous trouverez sur www.chomage-et-monnaie.org

Denis Clerc[5] de dire *Le principal émetteur de monnaie, ce sont les banques. Pas la Banque centrale européenne (BCE), via la Banque de France qui, dans ce domaine, n'est en quelque sorte qu'un de ses établissements nationaux, comme les autres banques centrales des pays qui constituent la zone euro. La BCE émet les billets pour lesquels elle a, d'ailleurs, un monopole légal et sévèrement respecté. Mais les moyens de paiement dont nous nous servons ne se réduisent pas aux billets. Nous utilisons quotidiennement des pièces (frappées par le Trésor public qui possède l'hôtel des Monnaies) et surtout des chèques ou des cartes de paiement par lesquels nous transmettons au bénéficiaire une somme d'argent prélevée sur un compte bancaire que nous possédons.*

Flou, par le fait qu'on entend également que la BCE assure les refinancements des banques secondaires… mais ce que l'on appelle « refinancement » est le processus par lequel les banques secondaires alimentent en monnaie centrale[6]

5. Denis Clerc est fondateur et conseiller de rédaction de *Alternatives Economiques*, agrégé d'Économie et de Gestion, agrégé de Sciences sociales, auteur de *Déchiffrer l'économie* (éditions Syros).

6. De la même manière que nous avons un compte dans une banque secondaire, et pouvons faire circuler la monnaie qui y est inscrite vers le compte d'une autre personne, les banques secondaires ont un compte courant à la Banque centrale, sur lequel est inscrit leur avoir. Cet avoir est libellé en euros, comme la monnaie ordinaire, mais il est important de comprendre qu'il ne s'agit pas de la même monnaie que celle qui circule entre les agents économiques. La monnaie dans les comptes courants de la Banque centrale est appelée « monnaie centrale » ou « base monétaire ». Elle ne peut circuler qu'entre banques secondaires, par débit ou crédit de leur compte courant en banque centrale (www.chomage-et-monnaie.org – fiche 4).

le compte qu'elles ont à la Banque centrale. C'est à partir de ce compte qu'elles paient à la Banque centrale ce qu'elle leur débite pour la fourniture de la monnaie fiduciaire dont elles ont besoin ; c'est encore à partir de ce compte qu'elles règlent ce qu'elles se doivent entre elles. Lorsqu'elles n'ont plus assez de monnaie centrale sur leur compte, elles en obtiennent en cédant des titres à la Banque centrale. C'est en faisant payer les billets qu'elle fournit aux banques secondaires, en leur débitant un intérêt[7] sur les sommes avancées contre des titres de créances, et en leur demandant un dépôt de garantie[8], que les Banques centrales exercent un contrôle sur la création monétaire. Le terme de « refinancement » laisse entendre que les banques ont besoin de refinancer les crédits auxquels elles procèdent, alors qu'il n'en n'est rien. On laisse croire de la sorte que la Banque centrale est, en fin de compte, celle qui crée la monnaie, ce qui n'est pas le cas.

---

7. C'est ce que vous entendez appeler le « taux directeur ». Plus la Banque centrale l'augmente, plus elle rend la création monétaire coûteuse et donc la freine, plus elle le baisse plus elle la favorise.

8. Il faut comprendre que la Banque centrale exerce un contrôle « indirect » par pression financière. Le principe est de rendre la création monétaire de plus en plus coûteuse, pour éviter que les banques créent de l'argent à l'infini. Comme on sait statistiquement que 15 % environ de la masse monétaire sont demandés en billets, plus une banque crée de la monnaie par le crédit, plus elle a besoin de billets, plus elle a besoin de monnaie centrale pour les acheter. La Banque centrale estimant insuffisant ce seul moyen de pression, elle oblige aussi les banques à détenir, sur leur compte en monnaie centrale, une proportion de la monnaie créée. À notre connaissance, elle est de 2 % à l'heure de l'écriture de ces pages, mais elle peut varier à tout moment. C'est ce qu'on appelle les « règles prudentielles. »

Elle ne fait que définir les règles du jeu, autrement appelées « règles prudentielles [9] » et contrôler leur application.

Allez ! Suivez-nous en cuisine pour continuer à découvrir comment le système bancaire crée la monnaie.

Première recette : le crédit à l'économie ou « *la pêche miraculeuse* »

Voilà le moyen le plus courant de créer de la monnaie scripturale [10]. Bien sûr, tout doit commencer par une demande de crédit. Mais qui n'en n'a pas un aujourd'hui ? Le système se charge bien de nous y inciter, en faisant chanter les sirènes de la publicité, histoire de faire craquer les quelques indécis qui ne souhaitaient pas spécialement vivre à crédit [11]. Vous voilà donc en besoin de 1000 €, prêt que

9. Il s'agit de l'ensemble des règles auxquelles les banques doivent se soumettre, dans le but d'éviter les excès. De façon générale :
– surveillance par la Banque de France et la Commission de contrôle des banques, qui veillent à la bonne organisation administrative et comptable ;
– justification par l'établissement bancaire de sa « bonne santée » financière (montant minimal de fonds propres, limitation des participations non financières, ratio de solvabilité) ;
– secret professionnel, sous réserve des dispositions en matière de lutte contre le blanchiment des capitaux (obligation de surveillance à l'égard des clients, notamment lors de l'ouverture d'un compte et en cas de transaction d'un montant supérieur à 15 000 €, et obligation d'information auprès des autorités lorsqu'une opération paraît suspecte).

10. Rappelons que l'on distingue trois sortes de monnaie :
– Les pièces, ou monnaie divisionnaire (environ 1 % de l'ensemble de la monnaie en circulation) ;
– les billets, ou monnaie fiduciaire (environ 15 % de la toute la monnaie en circulation en France, 18 % pour l'Euroland) ;
– et la monnaie circulant par jeu d'écritures ou monnaie scripturale. Elle représente 85 % environ de la masse monétaire.

11. On suppose que les conditions de solvabilité sont toujours remplies.

votre banquier vous consent. À quoi cela se résume-t-il ? À une simple écriture comptable dans les livres de la banque : à l'actif[12] de son bilan, une créance de 1 000, et au passif, la contrepartie, les 1000, portés au crédit de votre compte de dépôt à vue (DAV)[13]. Et voici 1000 € créés ! Vous allez les utiliser pour vos achats, voire en épargner une partie; bref ils vont circuler dans la communauté jusqu'à échéance, quand vous aurez remboursé la totalité du crédit. Alors ? Tout disparaîtra; la monnaie sera totalement détruite, sauf les intérêts, mais nous y reviendrons. Ainsi l'augmentation de l'actif bancaire – créances sur l'économie – entraîne un accroissement de la masse monétaire – en dépôt à vue, tandis qu'une diminution de l'actif bancaire – le remboursement des créances – entraîne, au contraire, une réduction de la masse monétaire. On peut donc dire qu'une demande de crédit des agents non bancaires conduit à une augmentation de la masse monétaire lorsqu'elle est satisfaite.

---

12. L'actif d'une société regroupe les créances qu'elle détient, quand le passif représente l'ensemble de ses dettes, donc les sommes qu'elle doit. En comptabilité, on ne peut constater une dette sans mettre en face, en contrepartie, une créance ou un actif matériel, ou sans diminuer une autre dette. Tout s'équilibre toujours à zéro.

13. Pourquoi au passif de la banque ? Il faut bien comprendre que les comptes des clients d'une banque représentent, pour elle, des dettes car elle détient quelque chose qui ne lui appartient pas. Ses clients peuvent en effet lui demander à tout moment de leur restituer les sommes qui y figurent.

Deuxième recette : la monétisation d'actifs non monétaires ou « *l'eau changée en vin* »

Dans l'exemple précédent, vous aurez compris que les 1000 € que vous auriez pu demander sous forme de monnaie sonnante et trébuchante si vous l'aviez souhaité et qui, dans tous les cas, sont du « vrai et bon argent » pour vous, n'existaient pas préalablement dans votre banque ni dans l'ensemble du système bancaire. D'où viennent-ils ? Pour obtenir ce prêt, vous avez dû signer un acte de prêt, outre les garanties que votre banquier vous aura peut-être demandé de donner. **C'est le bout de papier que vous avez signé – l'acte de prêt – qui, entre les mains de votre banquier, se transforme en monnaie.**

Supposons maintenant qu'une banque « B » fasse l'acquisition d'un immeuble à une société « X ». Elle inscrit la valeur du bâtiment dans l'actif de son bilan à la rubrique « *immobilisations* », car l'immeuble vient enrichir son patrimoine. En même temps, pour s'acquitter de sa dette envers la Société « X », vendeuse de l'immeuble, elle ouvre un compte à son nom sur lequel elle porte le même montant, celui de la transaction, par exemple : 100. Ce compte constituant une dette, la banque « B » l'inscrit au passif de son bilan. L'équilibre comptable est réalisé. La société « X » dispose maintenant d'un compte courant de 100 à la banque

« B », à partir duquel elle peut régler des dépenses. A-t-il fallu de l'argent à la banque pour le mettre sur le compte de la société « X » ? A-t-elle payé l'immeuble avec « ses économies » ? Non ! Il lui a suffi d'enregistrer un actif patrimonial d'un côté et sa valeur de l'autre. **Les spécialistes disent que *les banques créent de la monnaie en « monétisant »* – en transformant en argent – *des actifs non monétaires.***

Mais à ce titre, nous direz-vous, une banque peut acheter la terre entière sans dépenser un sou ! Non ; c'est là qu'interviennent les règles prudentielles, celle du « coefficient de fonds propres et de ressources permanentes », entre autres, qui prévoit que les fonds propres d'une banque doivent représenter au moins 60 % de ses participations et de ses investissements. Cela réduit donc considérablement les possibilités. Il n'en reste pas moins qu'elles ont l'extraordinaire privilège de pouvoir financer leurs pertes et dépenses, pratiquement sans trésorerie. À l'occasion, c'est ce qui permet de masquer des situations catastrophiques, lorsque l'actif des banques repose sur un trop grand nombre de créances irrécouvrables, ce qui a été à l'origine du crack japonais ou du Crédit Lyonnais. Ainsi que le souligne André Chaineau [14] *les banques jouissent de l'exorbitant privilège de créer à partir de rien un titre de créance pour régler leurs obligations (aux*

14. André Chaineau, *Mécanisme et politique monétaire,* aux Presses Universitaires de France.

fuites près[15]*)*, et Maurice Allais[16] de surenchérir : *Dans son essence, la création de monnaie* ex nihilo *actuelle, par le système bancaire, est identique… à la création de monnaie par des faux monnayeurs. Concrètement, elle aboutit aux mêmes résultats. La seule différence est que ceux qui en profitent sont différents.*

Troisième recette : les effets multiplicateurs ou « *la multiplication des pains* »

Vous aurez, sans doute, remarqué que lorsque vous déposez un chèque sur votre compte en banque, vous n'êtes pas immédiatement crédité. Votre banque se réserve en effet un délai pour compenser les sommes qu'elle doit aux autres banques avec ce que les autres lui doivent. En moyenne, elle

15. On appelle « fuites » la monnaie fiduciaire que les banques doivent « acheter » à la Banque centrale ou à d'autres banques, pour répondre à ce que les titulaires de comptes en banque transforment en espèces, soit en moyenne 15 %.

16. Maurice Allais : Prix Nobel de Sciences économiques en 1988 (Biographie Allais : http://allais.maurice.free.fr/Biographie.htm) *La crise mondiale aujourd'hui*, Ed. Clément Juglar 1999.

Bernard Maris dans son livre *Lettre ouverte aux gourous de l'économie qui nous prennent pour des imbéciles* (Albin Michel 1999), ne fait guère de cadeaux aux économistes en général. Mais il écrit (p. 136-137) : *On va chercher Allais en 1987, après le krach, on le coiffe d'un chapeau pointu de devin, et on le ressort en 1998. Il dit la même chose, de bon sens, « que les arbres ne montent pas jusqu'au ciel ». Il ne prévoit rien : il fait de remarquables comparaisons historiques, point. Il donne la même analyse limpide de la crise de 1929, mais peu importe ; ce n'est pas sa capacité d'analyse historique que l'on met en scène, mais son coté vieux sage, vaguement sorcier et un peu loufoque : museler le système bancaire, interdire aux banques de créer de la monnaie, dire que la monnaie bancaire est de la « fausse monnaie », empêcher les banques de prêter à plus long terme que leurs fonds… si les gens lisaient vraiment ce qu'à écrit Allais, ils seraient stupéfaits ! Allais n'est pas un expert, mais un grand économiste…*

prend entre un et trois jours pour les chèques « sur place » et entre cinq et sept jours s'il s'agit de chèques « hors place ». Pendant ce délai, la banque s'approprie, d'une certaine manière, les sommes portées en compte, qu'elle va pouvoir prêter.

Imaginons maintenant que les règles prudentielles en vigueur prévoient que les banques ne peuvent prêter qu'à hauteur de 90 % des dépôts qu'elles détiennent, ce qui est actuellement le cas.

L'exemple qui va suivre se joue dans un système de quatre banques privées (B1, B2, B3, B4, mais vous pouvez remplacer ces sigles par les noms de quatre banques que vous connaissez).

Vous venez de vendre à un ami une voiture d'occasion pour la somme de 1000 € qu'il vous remet en chèque. Ces 1000 € proviennent-ils d'une épargne ou d'un crédit ? Allez savoir ! Mais peu importe ; pour vous, c'est du bon et bel argent que vous déposez sur votre compte à la banque « B1 ». Voilà donc un dépôt de 1000 € qui ouvre à votre banque la possiblité de prêter 1000 x 90 % = 900 €.

Or, M. B a justement besoin de 900 € pour effectuer quelques travaux chez lui. Il s'adresse à la banque B1 qui lui accorde ce prêt. Monsieur B établit un chèque de 900 € à son maçon, M. C, qu'il dépose sur son compte à la banque B2. Les 900 € prêtés à M. C par la banque B1 deviennent ainsi dépôt à la banque B2. B2 peut dès lors prêter 900 x 90 % soit 810 €.

M. D entre dans sa banque, la banque B2. Vous savez pourquoi ? Il a besoin d'un prêt de 810 €… Il lui est octroyé et M. D peut ainsi régler son fournisseur, M. E, de cette même somme qu'il dépose à sa banque, la banque B3, qui peut maintenant prêter 810 x 90 % = 729 €.

Est-ce nécessaire d'aller plus loin ? Allez, encore une fois pour le « fun ». M. F obtient un crédit de 729 € à la banque B3, qui trônent en belle place sur un chèque que M. G, à qui il devait cette somme, porte sur son compte à la banque B4, que cette dernière prête à M. H à hauteur de 90 % soit 656 €, et ainsi de suite.

Que s'est-il passé en réalité ? Votre dépôt initial, dont on ne sait d'ailleurs s'il provenait d'un prêt, a créé et mis en circulation, « en plus » des 1000 € de départ et dans le cadre de cet exemple limité à quatre échanges : 900 + 810 + 729+ 656 = 3095 €.

Le dépôt s'est transformé en crédit, qui redevint dépôt, puis crédit, puis dépôt… au point que l'on s'y perd et que l'on peut se demander « qui de l'œuf ou de la poule est venu en premier ? » Une chose est certaine, c'est qu'en 1960, la monnaie en circulation en France – ou masse monétaire – convertie en euros, était équivalente à 14 milliards et qu'en 2000 elle était passée à 378 milliards d'euros sous l'effet de l'inflation et de l'augmentation de la production. Ce sont 364 milliards supplémentaires, donc 27 fois la masse monétaire initiale qui ont été créés en quarante ans grâce aux mécanismes que nous décrivons !

Quatrième recette : l'intérêt ou « *la cerise sur le gâteau* »

Il y a une chose que nous n'avons pas précisée dans notre exemple précédent ; les prêts consentis à MM. B, D, F et H ont été assortis d'un intérêt à 10 % l'an. Imaginons qu'ils aient tous remboursé leur prêt en une fois au bout d'un an. Ils auront remboursé : 990 + 891 + 802 + 721 = 3404 contre, rappelez-vous, 3095 € créés, soit une différence de 309 € versée au système bancaire sur de la monnaie qui ne lui appartient pas. Mais pourquoi dire que l'intérêt est de la création monétaire ? N'est-il pas tout simplement une charge que le banquier prélève sur notre richesse ?

Nous n'insisterons jamais assez sur ce fait ! Depuis que la monnaie n'est plus gagée sur l'or, elle n'existe plus que sous forme de crédit. L'argent qui circule dans la communauté mondiale n'est que la différence qui existe entre la masse de l'argent prêté et celle de l'argent remboursé[17] ; chaque jour de nouveaux prêts consentis viennent grossir la masse monétaire, chaque jour des crédits sont remboursés, partiellement ou totalement et font diminuer d'autant la masse monétaire. Alors imaginez !... Imaginez que tout le monde, particuliers, entreprises, collectivités locales et États décident pour en finir une bonne foi, de rembourser l'intégralité de leurs dettes. Eh bien, selon le principe que nous venons d'énoncer, il n'y aurait plus un sou vaillant sur cette terre. Plus encore ! Nous serions dans l'impossibilité de le faire car, par le biais de l'intérêt, il nous est demandé de rembourser plus que ce qui a été mis en circulation !

Bien sûr, cela ne saute pas aux yeux, à moins de faire un « arrêt sur image » comme nous venons de le faire, car l'existence de la monnaie est la conséquence d'un cycle permanent. Mais la question reste posée : comment payer un intérêt, dont le montant n'a pas été créé au préalable, sans assécher complètement la masse monétaire au fil du temps ? Est-il possible de récupérer plus d'eau que celle versée dans le bassin ? Il y a là une impossibilité arithmétique que le

17. Certains économistes excluent les 15 % de monnaie fiduciaire (billets et pièces), considérée comme « monnaie permanente », au regard de la « monnaie temporaire » (monnaie de crédit, qui « s'efface » quand le crédit est remboursé). Nous, nous les incluons dans la mesure où la monnaie fiduciaire n'est qu'une partie convertie en numéraire de la monnaie scripturale créée par le crédit.

système résout en entraînant tout simplement la communauté dans du « toujours plus de crédits », pour pouvoir créer la monnaie nécessaire au remboursement des intérêts [18].

Comprenez-vous maintenant les « vraies raisons » de l'invitation à la « croissance » déclinée sur tous les tons et répétée tel un mantra ? Comprenez-vous aussi pourquoi, au lendemain (ou surlendemain ?) du 11 septembre 2001, dans l'un de ses premiers discours, G. W Bush a déclaré : *il faut soutenir la consommation… ayez confiance !* Eh oui ! Si la confiance disparaît, on est beaucoup moins enclin à s'endetter, donc moins de crédits… moins de masse monétaire… On ne peut plus rembourser les échéances à moins de s'appauvrir… et c'est tout le système bancaire et économique qui s'écroule ! Pour enfoncer le clou, il a aussi fait diminuer les taux d'intérêts histoire de « pousser à la consommation ».

Voilà en quoi l'intérêt est créateur de monnaie. Mais c'est bien là « son moindre défaut ». Les « dommages collatéraux » qu'il provoque, pour plagier l'élégance verbale que l'on se plait à utiliser pour édulcorer l'horreur, sont bien pire :

- il est la cause principale de l'inflation, puisque avec un crédit à 5 % par an par exemple, c'est le double de la

18. Cela ne vaut qu'aussi longtemps que vous êtes éligible au crédit. Sinon, vous êtes acculé à la faillite personnelle ou d'entreprise car, dans ce cas, on perd bien un patrimoine qui avait une valeur, au profit d'une tierce personne, mais toujours en final pour le paiement d'intérêts.

somme empruntée qui doit être remboursée sur quinze ans, par le jeu des intérêts composés [19]. Étrange qu'un système qui dénonce l'inflation comme « ennemi public numéro un » et en assigne la chasse à son autorité centrale – puisque telle est la mission première et quasi unique de la BCE – en soit le principal responsable !

- Il est la cause profonde de la course à la croissance qui, si elle se conçoit lorsque l'on considère les choses sous l'angle exclusif de l'économie, devient mortifère lorsqu'on élargit le panorama à l'homme et à la nature.

- Il est le premier responsable de la pauvreté dans le monde et de l'élargissement de la fracture sociale. Puisque les

---

19. Trois informations pour imager l'effet de l'intérêt :

a) Dans une étude des années 1985, l'économiste allemande Margrit Kennedy démontre qu'il y a, en moyenne, 40 % d'intérêts cumulés dans les prix hors taxes de TOUTES les consommations, en analysant des comptabilités en cascade (donc y compris celles des fournisseurs). Elle arrivait par exemple à :
– 12 % d'intérêts financiers cumulés dans le ramassage public des ordures
– 38 % dans le prix de vente de l'eau
– 77 % dans le prix des loyers des habitations sociales.
Dans une autre étude plus récente (2001), Ralf Becker, par une méthode totalement différente, celle de l'analyse des postes des comptes nationaux allemands, arrive à une moyenne de 46 % !

b) Si vous empruntez maintenant, en 2006, 100 € à 5 %, vos descendants devront rembourser 13150 € en 2106. S'ils attendent 2506, ce sera 4 000 milliards d'euros et, dans 2000 ans, un montant s'écrivant 240 suivi de 42 zéros !

c) La dette de l'État français était en 1980 de 206 G€ (nous rappellons que nous utilisons parfois l'abréviation G€ pour signifier : milliard d'euros) en valeur 2004. Elle s'élevait à 1067 G€ fin 2004. C'est une augmentation de 861 G€ dont seulement 212 G€ en capital et 649 G€ en intérêts.

prix que vous payez sont constitués à 40-45 % du seul poids des intérêts, comme l'ont mis en évidence dans leurs études Magrit Kennedy et Ralph Becker cités en notes, vous imaginez la somme colossale qui est transférée du monde économique au monde financier ! Il contribue à l'asphyxie du premier et à la congestion du second ; il provoque, surtout, le transfert de la richesse des plus démunis vers les plus nantis. Magrit Kennedy, dans l'étude qu'elle présente dans son livre *Libérer l'argent de l'inflation et des taux d'intérêts* aux éditions Vivez Soleil, met en évidence que pour la population allemande, classée en 10 tranches de revenus, lorsque l'on fait la balance entre les intérêts créditeurs, versés à l'épargne, et les intérêts débiteurs prélevés au crédit, le solde n'est positif que pour la 10e tranche, celle des plus riches, équilibré pour la 9e et négatif pour les huit autres. Elle souligne aussi que le solde est d'autant plus négatif que l'on est pauvre et d'autant plus positif que l'on est riche !

Est-ce donc le principe de la création monétaire *ex nihilo* que nous dénonçons ? Certainement pas. Pouvoir mettre en circulation de l'argent qui n'existe pas encore, c'est permettre d'investir en confiance sur l'avenir, c'est ouvrir des horizons bien plus vastes que ceux que la seule épargne préalable rendrait possible d'atteindre. Ici, « on fait avec ce que l'on a », là, on peut faire ce que l'on rêve !

Ce que nous dénonçons ? C'est que le « privilège » de création monétaire soit abandonné aux banques qui se comportent comme si elles étaient propriétaires de cet argent. Or, la richesse n'est pas l'argent; c'est le travail de toute une Nation qui « accessoirement », se traduit en argent pour faciliter la production et la circulation des biens et des services. La richesse, et, par voie de conséquence, son expression symbolique, l'argent, appartient donc à la Nation. Dans ces conditions, il est parfaitement inacceptable qu'une entreprise privée – le système bancaire – s'approprie un pouvoir qui revient de droit au Peuple. La différence est de taille, elle se traduit par l'intérêt. Car, s'il se justifie sur l'épargne préalable, dans la mesure où le prêteur se prive de la jouissance de l'argent qu'il prête (il y a transfert effectif de l'argent de la poche du prêteur à celle de l'emprunteur), il ne se justifie plus sur de la création monétaire *ex nihilo*. Pour quelle raison la Nation irait-elle se vendre son propre argent ? C'est parce que « la banque » s'est accaparé le privilège de la création monétaire qu'un droit souverain s'est transformé en marchandise.

Comprenez-vous maintenant pourquoi le mécanisme est maintenu si subtil et obscur ? C'est la légitimité du système bancaire tout entier qui est en jeu; légitimité qui lui donne, outre de fabuleux profits financiers, le contrôle sur le monde ! Or cette légitimité ne tiendra qu'aussi longtemps que l'on croira que l'argent prêté provient de l'épargne. L'enjeu est de taille, non ? Alors, si vous voulez un monde qui ne soit plus prisonnier de la logique suicidaire de la croissance, si vous voulez un monde sans pauvreté, si vous voulez un monde où hommes et nature réconciliés puissent s'épanouir au lieu de se résoudre à accepter de plus en plus d'inacceptable, sur la seule promesse de lendemains qui chanteront alors, cela vaudrait peut-être la peine que vous commenciez à croire que les quelques économies que vous tenez au chaud, au cas où, n'existent que parce qu'elles ont été un jour créées par le crédit. Alors, les craintes de William Lyon Mackenzie King, Premier ministre du Canada de 1921 à 1930 et de 1935 à 1948, pourront commencer à se dissiper : *Jusqu'à ce que le contrôle de l'émission des devises et du crédit soit restauré au gouvernement comme sa responsabilité la plus évidente et sacrée, toute référence à la souveraineté du parlement ou à la démocratie est inutile et futile. […] Une fois qu'une nation s'est séparée du contrôle de son crédit, les gens qui font les lois importent peu. […] Les usuriers, une fois au pouvoir, détruiront la nation.*

MENSONGE N° 3

On ne peut pas le faire, « ça coûte » trop cher

– Alors, tu les as remplacées, tes lunettes ?

– Oui.

– Montre-les moi. Ah oui ! Bien ! Et combien t'ont-elles coûté ? …

« Coûter »… N'est-ce pas une préoccupation pour tous ? Sauf pour les plus nantis, peut-être, et encore, tout étant relatif. Car un coût s'apprécie en fonction des recettes. Si ma paire de lunettes m'a « coûté » 100 € alors que j'en gagne 1000, c'est une grosse dépense ; si j'en gagne 10 000, c'est un achat qui passe presque inaperçu. Oh, ce ne sont pas les envies qui manquent ! Nous sommes nombreux à rêver de voyages exotiques, d'une belle maison, d'une voiture haut de gamme ou d'un repas fin à la table d'un grand chef. Mais nous sommes tout aussi nombreux à nous contenter du « camping des flots », d'un F3 au 4e gauche de la cité des Lilas avec vue imprenable sur l'immeuble d'en face, d'une voiture d'occasion et du menu touristique avec « fromage ou dessert »; car le rêve « coûte trop cher » et finit encore une fois à la poubelle après les résultats du loto ou du « grattage » qui ont eu pour seul avantage de nous y faire croire, ne serait-ce qu'un instant.

« Ça coûte trop cher » ! « Anti-sésame » qui tient fermées à jamais les portes de la caverne d'Ali Baba. Le trésor est là, pourtant, car ce ne sont pas les solutions qui manquent : ne saurions-nous offrir une bonne qualité de vie à nos anciens, une vie où ils se sentiraient dignes et respectés jusqu'au dernier souffle ? Sommes-nous incapables de nourrir toute la population de la terre ? Sommes-nous ignorants des équilibres nécessaires à la vie et de ce qu'il faudrait faire pour respecter notre environnement naturel ? Sommes-nous inaptes à soigner les malades et à leur consacrer le temps, l'écoute, l'aide dont ils ont besoin à ce moment où ils se sentent fragilisés ? Ignorons-nous ce qui suscite le plaisir d'apprendre et ce qu'il conviendrait de mettre en œuvre pour conduire chaque enfant, selon ses spécificités propres, à manifester le meilleur de lui-même ?

Nous avons les techniques; nous avons les compétences, mais « ça coûterait trop cher ! » Alors, on fait ce que l'on peut avec ce que l'on a et le carrosse de Cendrillon reste citrouille... Il y a tant de choses que l'on pourrait faire, que l'on sait faire, mais qu'on ne fait pas parce que « ça coûte trop cher ». Dès que cette phrase est dite, le rideau tombe, le spectacle est terminé et chacun reste sur sa faim. Alors, pour une fois, n'en restons pas là ; refusons le diktat du rideau qui tombe et regardons ce qu'il cache. Car le spectacle c'est notre vie, et ce fichu rideau non seulement la rend bien difficile, pour un nombre croissant d'entre nous chaque jour, mais la menace aussi et, cela, sans distinction, à une échéance qui, pour être encore imprécise, devient néanmoins de plus en plus palpable.

■ PROMENADE D'UN BILLET

Nous voilà au bar de l'« hôtel du Lyon d'Or ». Une personne se présente à la réception et réserve une chambre. Elle verse 50 €. Le boulanger du village, faussement affairé à lire le journal en buvant un café, observe la scène. Il attend que le client sorte, puis il se lève, se dirige vers l'accueil et s'adresse à l'hôtelier :

– Ne range pas ton billet, Georges ! Souviens-toi que tu me dois la pièce montée que je t'ai faite l'autre jour.

De bonne grâce, l'aubergiste tend le billet de 50 € au boulanger. Une fois dehors, ce dernier va payer son ami le menuisier qui a réparé son comptoir. Celui-ci s'acquitte alors des 50 € qu'il devait au garagiste pour sa dernière vidange. En fin de compte, le billet se retrouve dans la poche du représentant en savons industriels, qui, vu l'heure, décide de prendre une chambre à l'« hôtel du Lyon d'Or »…

Quel est le « coût » de cette « promenade » ? Les 50 € ont-ils disparu ? Non ! Ils sont toujours là, dans la communauté villageoise. Ils sont dans la caisse de l'hôtel et repartiront demain pour un autre tour, peut-être plus éloigné cette fois. Mais, dans tous les cas, l'argent n'a pas disparu, il a circulé. En revanche, tous les acteurs ont travaillé : l'hôtelier, le boulanger, le menuisier, le garagiste et le représentant; il ont tous consommé de la matière et/ou de l'énergie. Le travail fait est fait, quant aux matières et à l'énergie, elles ne sont plus disponibles. Bien sûr, pris individuellement, chacun a dépensé 50 € et, à ce titre, peut dire que « l'autre » lui a « coûté » 50 € puisqu'il ne les a plus en caisse. Mais, si l'on considère les choses globalement, on ne peut que constater que la production n'a « coûté » que du travail, de la matière et de l'énergie, mais pas d'argent ! L'argent est passé d'une main dans une autre, chacun s'est enrichi du travail de l'autre et lui a donné 50 € en échange pour ne pas rester en dette.

Ce qui est, à un moment, revenu devient, à un autre, dépense ; c'est la dépense de l'un qui fait le revenu de l'autre. Il n'y a que transfert de l'argent, pas consommation de l'argent.

■ UN PEU « D'ÉCONOMIE FICTION »

Imaginez que vous soyez ministre des Finances et que le ministre des Transports vienne vous voir un beau matin et vous dise :

– Monsieur ou Madame la Ministre, la pollution, la consommation de carburants, les nombreux embouteillages, les blessés et les morts générés par le trafic des 4 millions de camions qui transitent annuellement sur l'autoroute entre Avignon et Lyon, nécessitent une décision politique. Il faut résoudre cette situation qui s'aggrave d'année en année et devient insupportable ; mes collaborateurs et moi-même avons étudié la chose et tout plaide en faveur de la construction d'une ligne de ferroutage sur ce tronçon. Nous estimons le montant total de l'opération à environ 10 milliards d'euros sur quatre ans.

Par réflexe ancré dans vos anciennes croyances, vous vous écriez : «

– Mais vous n'y pensez pas, c'est impossible, ça coûte trop cher !

Le ministre des Transports ne se montre nullement affecté. Il avait anticipé votre réaction et, tout en vous assurant qu'il comprend, il vous demande d'y regarder à deux fois et d'accepter de le suivre dans sa démonstration.

– *Je vais prendre un certain nombre d'hypothèses simplificatrices pour rendre les choses aussi claires que possible*, dit-il.

- **Première hypothèse : une seule entreprise fabrique tout**

Il s'agira d'une commande de l'État confiée à des entreprises privées exclusivement nationales. Même si un grand nombre d'entreprises intervient, on peut considérer qu'elles ne forment qu'une seule et même entreprise, depuis l'extraction des matières premières, qui, soit dit au passage, sont gratuites puisque la nature ne se fait pas payer, jusqu'au produit fini. C'est, bien sûr, une simplification, mais elle n'est pas abusive. Le résultat serait le même si on prenait une « chaîne » d'entreprises dont chacune achèterait aux autres ce dont elle a besoin pour remplir sa mission. Concentrer les choses sur une seule entreprise permet tout simplement de mieux comprendre ce qui se passe réellement. Les salariés de cette entreprise vont eux-mêmes dépenser leur paie dans une multitude de commerces qui, eux aussi paieront des salariés, lesquels dépenseront leur salaire dans la chaîne commerciale, etc. Quant aux charges et impôts que tous vont verser, ils se trouveront redistribués sous forme d'allocations et prestations sociales à différents bénéficiaires d'une part, et sous forme de salaires aux fonctionnaires, d'autre part. Ces revenus alimenteront, à leur tour le commerce. Vous voyez les boucles, la « promenade » de l'argent et comment revenus et dépenses sont les deux faces d'une même pièce ?

- **Deuxième hypothèse : il n'y a que des salaires**

Bien sûr, nous savons tous qu'un prix est non seulement constitué de salaires mais aussi du montant des fournitures et charges diverses, comme les transports, le stockage, les assurances, des honoraires, des marges bénéficiaires, etc. Cela, c'est l'apparence, parce que la production est atomisée : de nombreuses entreprises participent à la fabrication d'un produit de sorte que chacune paie des factures de « fournitures » et « services » extérieurs. Mais, en réalité, que se passe-t-il ? Quand l'agriculteur vend son blé au minotier, par exemple, c'est le prix de son travail, donc son salaire qu'il vend, pas le blé qui, lui, a été offert gratuitement par la nature. Bien sûr, il aura utilisé un tracteur et la valeur de son blé comprendra aussi une part du coût d'acquisition et d'utilisation de cet engin. Mais le prix du tracteur, c'est quoi ? Le salaire de tous les employés de l'usine qui l'ont fabriqué, répartis au prorata, et les marges bénéficiaires. Ah oui ! Il y aura aussi le coût des fournitures et services que l'usine n'a pas produits elle-même. Mais chaque service et chaque fourniture achetés à d'autres, c'est quoi ?

Les salaires et marges de chaque fournisseur, plus… et ainsi de suite… jusqu'à ce que vous ne puissiez plus remonter plus haut et que vous découvriez alors qu'un prix, n'est en fin de compte, qu'une somme de salaires et de marges emboîtés comme des poupées russes.

Vous doutez encore qu'un prix ne soit fait que de salaires et de marges ? Eh bien prenez n'importe quel exemple et amusez-vous à ouvrir la poupée russe aussi loin que vous pourrez ! Le prix d'une assurance par exemple ? C'est l'ensemble des salaires et marges des personnels des compagnies et le montant mutualisé des indemnisations des risques couverts, celles-ci représentant les salaires et marges des acteurs économiques qui interviendront en cas de sinistre. Le loyer de votre maison ? C'est un « salaire » que vous versez au propriétaire qui, éventuellement (mais pas nécessairement), paie ainsi le prix de la maison, c'est-à-dire le salaire et les marges de ceux qui l'ont construite. Le prix d'une action en bourse ? C'est l'estimation, ramenée à une part de ce qu'une entreprise peut distribuer en salaires et marges, une partie de cette marge constituant le dividende de l'actionnaire. Le montant d'un *pretium doloris* accordé par un tribunal ? C'est l'estimation d'un « salaire compensatoire » du préjudice subi par la victime. Même si tout ne peut s'exprimer en terme de salaire et marge au premier degré, tout est assimilable à des salaires et marges.

- **Troisième hypothèse : « l'entreprise unique » et les commerces ne prennent pas de marge bénéficiaire, autre que celle nécessaire à la distribution des salaires.**

Pour la clarté de la démonstration, on imagine que tout est distribué en salaires. Les salariés n'épargnent pas et dépensent la totalité de leurs revenus sur le territoire national.

- **Quatrième hypothèse : l'État est le maître d'ouvrage**

Il paye l'entreprise, donc les salaires et cotisations de toute la chaîne au fur et à mesure de l'avancée des travaux. « L'entreprise » n'a donc pas de besoin de trésorerie, créatrice d'agios.

- **Cinquième hypothèse : aucune importation**

Ni d'énergie, ni de matière première, ni de produits finis. Irréaliste ? Ayez présent à l'esprit que le résultat reste identique pour le bilan global de la Nation tant que la balance importation/exportation est équilibrée. Il n'est donc pas question de poser des hypothèses illusoires mais de ramener les choses au niveau de dénominateurs communs les plus simples possible pour rendre les choses compréhen-sibles.

- **Sixième hypothèse : pas de TVA sur les travaux**

Il n'est pas nécessaire de la compter puisque l'État est le maître d'ouvrage. En revanche, on retrouvera celle-ci dans les effets induits, c'est-à-dire dans les boucles de la consommation courante des salariés lorsqu'ils dépensent leurs revenus dans les commerces.

Le ministre des Transports sort alors de son dossier un document qu'il pose devant vous.

– *Voilà un tableau (voir page ci-contre), dit-il ; il résume le projet et démontre qu'en fin de compte, il ne « coûte » rien !*

Vous êtes intrigué, vous froncez les sourcils, dubitatif, car, quand même… vous êtes ministre des Finances et le ministre des Transports est en train de tenir un discours qui ébranle l'orthodoxie de vos connaissances.

Sans se soucier de votre étonnement, il commente :

– *Nous avons pris en référence le salaire annuel moyen pour un travail à temps complet dans les entreprises du secteur privé et semi-public en 2001*[1]*. Il s'élevait à 26 280 € en brut (E3) et à 20 708 € en net (F3). Avec les charges sociales, c'était 38 119 € qui étaient distribués (B3). Par rapport à cette somme, le salaire brut représente donc 69 % et le net 54,30 %. Le tableau que je vous présente est établi en pourcentages : il vous suffit donc de diviser les chiffres par 10 pour extrapoler les effets d'une commande de 10 milliards d'euros.*

1. Dernières références fiables dont nous disposions, lors de l'écriture de cet ouvrage.

CALCULE CIRCULATION MONÉTAIRE	Vente TTC	TVA	HT	Salaires bruts	Salaires nets	Total Cotisation	Impots : 12 % des salaires bruts	Salaires directement consommables	Nombre de salarié pour 10 M€
Salaire moyen en euros	*38119*			*26280*	*20708*	*17411*	*3153,6*	*17554*	262 336
ENTREPRISE (%)	*100*		*100*	*69;00*	*54,30*	**45,70**	8,28	**46,02**	
Commerces et Services - 1ère dépense	*91,7*	15,8	76,7	52,9	41,4	35,3	6,3	35,1	201 183
2ème cycle de dépense	70,3	11,5	58,8	40,5	31,5	27,1	4,9	26,9	154 285
3e	53,9	8,8	45,1	31,1	24,4	20,7	3,7	20,5	118 320
4e seconde année	41,4	6,8	34,5	23,9	16,7	15,9	2,9	15,8	90 738
5	31,7	5,2	26,5	10,3	14,3	12,2	2,2	12,1	69 586
6	24,3	4,0	20,3	14,0	11,0	9,4	1,7	9,3	53 365
7	18,7	3,1	15,6	10,8	8,4	7,2	1,3	7,1	40 925
8e troisième année	14,3	2,3	12,0	8,3	6,5	5,5	1,0	5,5	31 385
9	11,0	1,8	9,2	9,3	5,0	4,2	0,8	4,2	24 069
10	8,4	1,4	7,0	4,9	3,8	3,2	0,6	3,2	18 458
11	6,5	1,1	5,4	3,7	2,9	2,5	0,4	2,5	14 155
12e quatrième année	4,9	0,8	4,1	2,9	2,2	1,9	0,3	1,9	10 859
COMMERCE : cumulé fin 4e année	*377,2*	*61,8*	*315,4*	217,6	*170,3*	*145,03*	*26,1*	*144,2*	827 325
Activité totale générée	*477,2*	61,8	*415,4*	286,6	224,6	190,8	34,4	190,2	1 089 661

Une telle commande génère donc l'équivalent de 26 336 emplois directs, (10 000 milliards d'euros/38 119). La somme qui se retrouvera effectivement dans la poche des salariés sera de 5,430 milliards d'euros, de laquelle il faut encore déduire les impôts directs pour 828 millions. Les salaires directement consommables, puisqu'il n'y a pas d'épargne dans notre simulation, s'élèvent ainsi à 4,602 milliards. Ce sont ces 4,6 milliards qui se retrouveront directement « dans le commerce ».

Dans le même temps, 4,570 milliards de cotisations sociales sont redistribués à l'ensemble de la population sous différentes formes, augmentant le pouvoir d'achat de celle-ci. Ils se retrouveront « indirectement » dans le commerce. La communauté bénéficie donc de 4,602 + 4,570 = 9,172 milliards (c'est le dixième du chiffre que vous voyez en B5, dit-il, en le désignant du doigt) qu'elle va consommer, générant à son tour de la TVA et des impôts pour 2,135 milliards (C5+H5), des redistributions de cotisations sociales pour 3,528 milliards (G5) et des salaires directement consommables de 3,506 milliards (I5). Nous voilà donc avec un pouvoir d'achat de 7,340 milliards en début de deuxième cycle (B6)… et ainsi de suite.

Si l'argent tourne quatre fois dans l'année[2]*, c'est une activité globale de 47,7 milliards d'euros qui est créée en quatre ans. L'État, (« nous ») récupère sur cette période 96,2 % de sa mise initiale (C18+H18), sous forme de TVA pour*

2. Ce qui traduit à peu de choses près la réalité actuelle.

6,2 milliards d'euros et d'impôts pour 3,4 milliards d'euros. Qui plus est, la population bénéficie d'une redistribution sociale pour 19,1 milliards d'euros et de salaires directement consommables pour 19 milliards d'euros. Voilà ce qui découle de cette commande de 10 milliards, sans oublier de mentionner qu'elle génère l'équivalent de plus d'un million d'emplois directs et indirects ! Cette simulation met en évidence que, sous certaines conditions :

- *l'argent injecté par l'État revient quasiment intégralement à l'État ;*
- *l'activité totale générée est multipliée par 4,77, car les activités secondaires générées ont un effet multiplicateur,*
- *investir dans des biens d'utilité publique bénéficie tant à la collectivité qu'aux particuliers ;*
- *en injectant moins de 30 milliards, on pourrait résorber totalement le chômage et l'exclusion, sous réserve que la main-d'œuvre qualifiée soit disponible ;*
- *toute création de biens et services commandés par l'État ne « coûte » rien à la collectivité si ce n'est du travail et des matières.*

■ SI MAASTRICHT M'ÉTAIT COMPTÉ

Vous vous dites peut-être que cette démonstration ne vaut que dans le cadre des hypothèses énoncées, ce qui n'est jamais le cas. Regardons celles qui peuvent avoir une incidence. La première (une seule entreprise fabrique tout) et la deuxième (il n'y a que des salaires) traduisent la réalité des choses[3], elles ne sont qu'une clarification d'évidences qui n'apparaissent pas à première vue à cause de l'atomicité de la production dans le temps et l'espace. La troisième (« l'entreprise unique » et les commerces ne prennent pas de marge bénéficiaire autre qu'une distribution salariale) prévoit que les entreprises ne font pas de profits échappant aux cotisations salariales et que les salariés ne constituent pas d'épargne. Cette hypothèse est, certes, irréaliste, mais elle ne joue pas dans l'absolu. Épargne et profits sont des réserves qui ne participent pas immédiatement à la consommation, mais qui y retourneront tôt ou tard. Ils ont pour seul effet de ralentir les cycles. La cinquième (aucune importation) – car nous reviendrons sur la quatrième dans un instant – suppose que l'on fonctionne en autarcie. Nous savons que cela ne correspond pas à la réalité, mais cela ne joue pas tant

---

3. À l'exception du fait que l'on suppose que seules des entreprises nationales interviennent, ce qui dans la réalité est rarement le cas. Cette particularité sera examinée avec la cinquième hypothèse.

que la balance commerciale[4] de la Nation reste équilibrée. La sixième (pas de TVA sur les travaux) n'a aucune incidence ; c'est une simplification de présentation.

Reste la quatrième (l'État est le maître d'ouvrage). Elle prévoit que l'État n'a pas besoin de trésorerie. C'est vrai si les recettes fiscales de l'État sont suffisantes, et encore ! Car souvenez-vous : l'argent moderne n'est que « temporaire », il « n'existe » qu'entre le moment où il est créé par le crédit et celui où il est remboursé. Il a donc été emprunté à un moment quelconque. C'est là que le loup sort du bois, car le traité de Maastricht en son article 104 stipule : *Il est interdit à la BCE et aux banques centrales des États membres, ci-après dénommées « banques centrales nationales » d'accorder des découverts ou tout autre type de crédit aux institutions ou organes de la Communauté, aux administrations centrales, aux autorités régionales ou locales, aux autres autorités publiques, aux autres organismes ou entreprises publics des États*

---

4. Rappelons que la balance commerciale d'un pays représente le solde de ses échanges économiques avec les autres pays : total des importations moins total des exportations. La balance avec certains États peut être déficitaire ou excédentaire, c'est globalement qu'il faut regarder les choses. Si la balance générale est excédentaire ; la Nation s'est enrichie car elle dispose de plus de devises qu'elle peut convertir dans sa propre monnaie ou conserver pour régler à l'étranger des échanges à venir ; si la balance est déficitaire, elle s'est appauvrie, car elle a dû dépenser plus qu'elle n'a encaissé. Chaque Nation recherche au moins l'équilibre. À titre d'exemple, la France bénéficiait d'un solde positif de 28,8 G$ (en milliard de dollars, statistiques Atlaseco) en 2001, de 11 G$ en 2002, de 11,8 G$ en 2003. Ce solde s'est inversé en 2004 pour être négatif de 2,4 G$ en 2005 suite à l'enchérissement du prix du pétrole brut.

membres; l'acquisition directe des instruments de leur dette, auprès d'eux, par la BCE ou les banques centrales nationales, est également interdite[5].

Les points sont sur les « i » et les barres sur les « t » : citoyens, qu'on se le dise ! L'argent est affaire des banques privées et les États doivent passer sous leurs « fourches caudines » au même titre que les personnes privées. La conséquence de cela : le paiement d'un intérêt qui « coûtera[6] » à la France par exemple, si son budget 2006 est respecté, 40,8 milliards d'euros, soit presque autant que ce que rapportera l'impôt sur le revenu : 57,5 milliards d'euros[7]. Il représente en outre un cumul de 650 milliards d'euros depuis 1980 !

---

5. Rappelons, à ce propos, que le traité établissant une constitution pour l'Europe réaffirmait cette position, quasiment dans les mêmes termes, (article III-181 §1) : *Il est interdit à la Banque centrale européenne et aux banques centrales des États membres, ci-après dénommées « banques centrales nationales », d'accorder des découverts ou autre type de crédit aux institutions, organes ou organismes de l'Union, aux administrations centrales, aux autorités régionales ou locales, aux autres autorités publiques, aux autres organismes ou entreprises publics des États membres. L'acquisition directe auprès d'eux, par la Banque centrale européenne ou les banques centrales nationales des instruments de leur dette est également interdite*. Et paragraphe 2 : *le paragraphe 1 ne s'applique pas aux établissements publics de crédit qui, dans le cadre de la mise à disposition de liquidité par les banques centrales, bénéficient, de la part des banques centrales nationales et de la Banque centrale européenne, du même traitement que les établissements privés de crédit.*

6. Le terme est, là encore, inapproprié car les banques font partie de « la chaîne des commerces » et leurs revenus, de quelque nature qu'ils soient, sont eux aussi assimilables à des salaires qui se retrouvent en circulation dans la communauté. Nous parlons ici de « coût » pour souligner le fait que la collectivité est contrainte à une dépense qui profite indûment à un particulier. Elle doit ainsi prélever sur ses ressources une somme qui profite à des intérêts privés au lieu de profiter à l'intérêt commun. **L'impôt est détourné de sa vocation : il y a récupération par un acteur privé de l'argent public.**

7. Le budget présenté aux contribuables français, en annexe à la déclaration annuelle qui leur a été adressée.

En résumé, on peut dire que la simulation est juste à condition que la balance commerciale de la Nation soit équilibrée et au « coût » près des intérêts bancaires. Ce sont là deux paramètres sur lesquels il serait possible d'agir si on le voulait. Mais la pensée économique dominante actuelle ne considère pas les choses comme cela.

Elle n'a ni compris ni intégré le fait que la production ne coûte pas d'argent, mais seulement du travail et de la matière. Sans doute est-ce dû au fait que le capitalisme libéral est fondé sur une logique égoïste. Adam Smith, père fondateur du capitalisme, l'a conçu sur un postulat : *L'homme est égoïste, il recherche la satisfaction de son propre intérêt; l'altruisme est un effet de société.* Ainsi, la logique des règles économiques nous incite à considérer les choses à partir d'une logique individuelle et non collective. Lorsqu'une personne privée, physique ou morale, règle un achat, elle a moins d'argent sur son compte; cela se traduit par une écriture comptable et elle sait que si elle accumule plus de dépenses que de recettes, elle s'aventure vers de graves ennuis. Mais ce que l'on appelle « coût » en « langage privé », devrait s'appeler « transfert » en « langage collectif » car, au niveau de la Nation, la quantité globale d'argent reste inchangée; il n'y a que des transferts qui s'opèrent entre les acteurs économiques.

Elle n'a ni compris ni intégré le fait qu'un État puisse investir dans des biens et services nouveaux sans avoir à lever des impôts supplémentaires.

La raison à cela repose sur la persistance d'un obstacle épistémologique : dans l'esprit de la plupart d'entre nous – et les plus brillants n'y échappent pas –, la monnaie reste conçue comme une réalité matérielle (précieuse) de quantité finie donc rare et épuisable. L'époque où l'argent n'existait que sous forme de pièces sonnantes et trébuchantes reste profondément ancrée en nous. Il n'était alors pas possible « d'inventer » des pièces qui n'existaient pas. Il fallait avoir l'argent en caisse avant d'envisager un achat. Mais l'argent moderne est dématérialisé, comme nous l'avons souligné dans le premier chapitre. Ainsi, aujourd'hui, aucune loi physique n'empêche un État, une Banque centrale ou de second rang, de créer toute la monnaie nécessaire. Si on ne le fait pas, c'est qu'on ne le VEUT pas. Nous n'obéissons là qu'à des « lois » humaines qui, elles, peuvent changer à volonté, à l'inverse des lois physiques.

Elle n'a ni compris ni intégré le fait que lorsqu'un État investit dans des biens et services nouveaux, cela crée des emplois directs et induit une activité multiplicatrice. En raison du même obstacle épistémologique, l'État dit : *Je n'ai pas d'argent pour créer de l'emploi.* Nos têtes pensantes n'ont pas encore réalisé (ou ne veulent pas réaliser) qu'au niveau collectif le travail ne coûte pas d'argent et que « coûter cher » signifie simplement « coûter beaucoup de travail ». Or du travail, c'est justement ce que nous voulons ; c'est l'objectif prioritaire que vise l'État. La solution est là, à portée de main, mais on se l'interdit. Ubuesque, non ?

Ainsi, c'est notre vision actuelle de l'économie qui empêche de poser les actes appropriés aux défis de notre temps. On ne s'autorise à penser qu'en terme de « rustine » quand il faudrait changer la chambre à air, sous prétexte que ça coûterait « trop cher ! ». Nous l'affirmons ; dire cela est tout à fait inapproprié. Il serait plus honnête de dire, « On ne peut pas faire, parce qu'on ne s'autorise pas à créer l'argent nécessaire ».

La réalité est que si une collectivité a un besoin, la volonté de le satisfaire, les moyens techniques et énergétiques, un excès de main d'œuvre et le savoir-faire, rien ne s'oppose à sa réalisation… à un détail près, détail que soulignait déjà, avec force, Thomas Edison, dans une interview publiée dans le New York Times en 1928, alors qu'il était de retour d'une inspection à la centrale électrique « Muscle Shoals », en construction, sur la rivière Tennessee :

Si la monnaie est émise par la Nation, 30 millions $ pour le financement de Muscle Shoals, ce sera la bonne chose à faire. Une fois cette méthode d'émettre l'argent pour les développements publics essayée, le pays ne retournera jamais à la méthode des obligations […] Maintenant, il y a (Henry) Ford *qui propose de financer Muscle Shoals par une émission de monnaie (au lieu d'obligations). Très bien ! Supposons un instant que le Congrès suive sa proposition. Personnellement, je ne pense pas qu'il ait assez d'imagination pour le faire, mais supposons qu'il l'ait. La somme requise sera émise directement par le gouvernement, comme toute monnaie doit l'être [...] Lorsque les travailleurs seront payés, ils recevront ces billets des États-Unis [...] Ils seront basés sur la richesse publique existant déjà à Muscle Shoals ; ils seront retirés de la circulation par les salaires et bénéfices de la centrale électrique. Ainsi, le peuple des États-Unis recevra tout ce qu'il aura mis dans Muscle Shoals et tout ce qu'il pourra y mettre durant des siècles... le pouvoir sans fin de la rivière Tennessee... sans taxes et sans augmentation de la dette nationale.*

Mais supposez que le Congrès ne suive pas la proposition d'Henry Ford, qu'arrivera-t-il ? demanda-t-on à Edison.

Alors, le Congrès devra retourner à l'ancienne méthode. Il devra autoriser une émission d'obligations. Autrement dit, il devra aller chez les prêteurs d'argent et emprunter assez de notre propre monnaie nationale pour achever ces travaux et nous devrons payer de l'intérêt aux prêteurs d'argent pour l'usage de notre propre argent. De cette manière, chaque fois que nous voulons augmenter la richesse nationale, nous sommes forcés d'augmenter la dette nationale. C'est ce qu'Henry Ford veut empêcher. Il pense que c'est stupide, et je le pense aussi, que pour le prêt de 30 millions de son propre argent, le peuple des États-Unis soit obligé de payer 66 millions le montant total à payer avec les intérêts. Des gens qui n'ont pas levé une pelle de terre ni contribué pour une seule livre de matériel, vont ramasser plus d'argent des États-Unis que le peuple qui a fourni les matériaux et le travail.

C'est ce qui est terrible avec l'intérêt. Dans toutes nos importantes émissions d'obligations, l'intérêt à payer est toujours plus gros que le capital. Tous nos grands travaux publics coûtent plus de deux fois le coût réel. Tout le problème est là [...] Il est absurde de dire que notre pays peut émettre 30 millions $ en obligations et pas 30 millions $ en monnaie. Les deux sont des promesses de payer mais l'un engraisse les usuriers et l'autre aiderait le peuple. Si l'argent émis par le gouvernement n'était pas bon, alors, les obligations ne seraient pas bonnes non plus. C'est une situation terrible lorsque le gouvernement, pour augmenter la richesse nationale, doit s'endetter et s'obliger à payer des intérêts ruineux à des hommes qui contrôlent la valeur fictive de l'or[8].

8. À l'époque de l'interview, la monnaie était encore garantie par l'or.

MENSONGE N° 4

L'État doit être géré « en bon père de famille » ; la dette appauvrit la Nation, il faut la rembourser !

Bien, partons de cette affirmation puisqu'elle nous est régulièrement resservie par nos gouvernants politiques. Monsieur Raffarin, par exemple, a déclaré, en 2002 : *Moi, j'ai des idées simples. [...] C'est de la bonne gestion de père de famille, c'est cela qu'il faut faire. Je suis tout à fait favorable à ce que nous puissions, très rapidement, réduire les déficits*[1]. Le même genre de discours a été tenu, plus récemment, par M. Sarkozy, lors de la discussion du budget

1. *France 2*. 23 mai 2002.

2005, avec la même référence à la nécessité de gestion en « bon père de famille ». L'idée que l'on veut faire entrer dans les têtes est que l'État vivrait au-dessus de ses moyens, que la dette résulterait d'une augmentation excessive des dépenses publiques (injustifiées), que l'on ne peut pas dépenser plus qu'on ne gagne et qu'ainsi on pénalise l'avenir des générations futures qui devront payer ce que nous avons acheté à crédit ! Comment le citoyen « normal » ne pourrait-il pas être sensible à un discours qui semble relever du plus élémentaire bon sens, lui qui voit surtout l'argent qu'il verse en impôts et taxes diverses sans jamais vraiment savoir à quoi il est utilisé ? Tout « bon père de famille » sait que, s'il s'endette trop, il va se trouver confronté à une situation inextricable ; tout bon gestionnaire sait que l'accumulation de dettes obère les résultats de l'entreprise et peut la conduire à la faillite. Le discours, à l'évidence, est sain et laisse l'impression que nous avons en face de nous des personnes sensées et responsables.

Eh bien, ce discours n'est que de la propagande idéologique qui revêt, comme toute bonne propagande doit le faire, des « habits de moine » pour rendre indiscutable la bonne parole ! Il faut toutefois rendre hommage à nos « moines » ; le discours est pédagogique, compréhensible par tous et, en apparence, inattaquable, car quoi de plus habile que de présenter les choses du point de vue de celui qui les considère ?

Chacun voit midi à sa porte, dit-on, et pour peu qu'on alimente cette propension, c'est gagné ! Alors, l'idée fait son chemin, quelle que soit sa sensibilité politique, chacun la revendique comme symbole de responsabilité citoyenne et de vertu politique. N'en déplaise à la pudeur des uns et aux bonnes moeurs des autres, défroquons notre moine.

■ GÉRER L'ÉTAT EN « BON PÈRE DE FAMILLE » : UNE COMPARAISON DÉMAGOGIQUE

L'analogie entre un père de famille et l'État ne tient pas debout, ni celle d'ailleurs d'une entreprise et de l'État.

Un père, une famille ou une entreprise sont des « personnes » physiques ou morales qui composent la société, elles ne sont pas LA Société. C'est confondre le particulier et le collectif. Or, nous avons vu, dans le chapitre précédent, que les choses sont bien différentes selon que l'on se place du point de vue du particulier ou du collectif

Pour commencer, un État a un privilège que le particulier n'a pas : celui de fixer lui-même le montant de ses recettes. Celles-ci proviennent de la fiscalité, des services que l'État fait payer et des bénéfices des entreprises publiques. En théorie, Il n'a pas à emprunter. S'il le fait, c'est par choix. Regardez le budget prévisionnel de la France pour 2006 : il anticipe des dépenses pour un montant de 329,5 milliards d'euros, des recettes pour 282,6 milliards et donc un déficit de 46,9 milliards d'euros[2] :

1. il y a choix d'avoir des dépenses supérieures aux recettes, dans le souci de répondre au mieux aux besoins de la Nation,
2. il y a choix de financer le déficit en ayant recours à l'emprunt, au lieu de la fiscalité.

Ce choix ne date pas d'hier. La dette de la France représentait 16 % de son PIB en 1974, elle représente fin 2005, 66 %. Un glissement intolérable et dangereux ? La dette des États-Unis fin 2005 était égale à 65 % de son PIB, celle de la zone euro à 72 % et celle du Japon à 169 % ! L'Europe, les États-Unis et le Japon sont-ils considérés comme des espaces économiquement fragiles ? Ainsi, les États – et les plus puissants en sont la preuve, ont la possibilité de laisser grandir leur déficit d'année en année, sans que cela les affaiblisse[3].

Ensuite, un État n'a pas vocation à « faire du profit » comme une entreprise. Il a vocation de « régulation ». Il est certain que cette vocation, chère à Keynes[4], est devenue très

2. Chiffres présentés aux Français à l'appui du formulaire de déclaration des revenus 2005.
3. Les chiffres présentés dans ce paragraphe sont issus de la lettre de l'OFCE (Observatoire français des conjonctures économiques) N°271 de janvier 2006, éditée par les Presses de Sciences Po (http://www.ofce.sciences-po.fr/pdf/lettres/271.pdf).
4. John Maynard Keynes (1883-1946). Économiste anglais qui marqua la pensée économique en Occident, jusque dans les années 70. Il se distingue par le fait qu'il conteste la théorie néoclassique de l'autorégulation des marchés et soutient la nécessité d'une régulation politique de l'économie.

impopulaire avec la montée de la pensée ultra-libérale. Il n'en reste pas moins que, si l'entreprise cherche, en premier, à satisfaire son intérêt propre – puisqu'elle est soumise à une obligation de résultat financier positif – l'État, lui, a pour mission de veiller à l'intérêt commun en édictant des règles du jeu qui garantissent et maintiennent le lien social. Maintenir ce lien est essentiel à la paix et à la prospérité du pays, c'est là son « profit » et accepter le déficit pour le maintenir peut en être le prix. La dette n'a donc pas le même sens pour un particulier et pour l'État.

Enfin, et ce point est loin d'être négligeable, *un pays est immortel*, ce qui n'est pas le cas de ses habitants et de ses entreprises. Ce « détail » change bien les choses car il n'est pas à craindre que les engagements liés à la dette ne puissent être tenus à la suite de la disparition du débiteur puisque, dans ce cas, il ne disparaîtra pas. Arrêtons donc de nous laisser berner par cette pédagogie démagogique qui utilise une analogie parfaitement impropre.

■ UNE DETTE, OUI ! ET LES ACTIFS ?

Afin d'enfoncer le clou et de toucher le cœur de ceux qui ne se laissent pas sensibiliser par la raison, nos bons moines entonnent la chanson de l'héritage que nous laissons à nos enfants : en France 1067 milliards d'euros fin 2004[5], soit la bagatelle de 17500 € de dette pesant sur les frêles épaules de chaque nouveau-né si la population reste égale. Honte à vous parents indignes ! Comment se regarder dans une glace après cela ?

Quand on parle de la dette, il s'agit des dettes cumulées de l'ensemble des administrations publiques : État, collectivités publiques, Sécurité sociale. Mais, en règle générale, quand on contracte une dette, c'est pour avoir quelque chose en contrepartie. Vous pouvez devoir, à votre banque 200 000 €, mais vous avez peut-être acheté une maison avec. Or, il est étonnant de constater que l'on ne nous parle jamais de l'actif que représente cette dette. En France, par exemple, le déficit était en 2005, de 46,9 milliards d'euros. Mais cette même année, les dépenses d'investissement – écoles, hôpitaux, infrastructures de transport et de communication, acquisition de terrains… etc. – se montaient à 56 milliards d'euros! Ces investissements sont bien des richesses réelles dont nous profiterons, ainsi que nos descendants.

Le rapport de l'Observatoire français des conjonctures économiques – OFCE –, déjà cité en note, nous dit ceci : *En terme de dette nette, i.e la dette brute moins les actifs*

5. Chiffre tiré du rapport Pébereau publié le 14 décembre 2005.

financiers détenus par les administrations, la France est à 44 % du PIB, nettement en dessous de la zone euro (58 %), un peu en dessous de l'ensemble de l'OCDE (48 %) et des États-Unis (47 %). Il n'y a donc pas de singularité française. La hausse de longue période se retrouve dans la quasi-totalité des pays de l'OCDE, bien qu'un peu plus accentuée dans le cas de la France, qui part de plus bas.

Les administrations publiques possèdent aussi des actifs physiques (des infrastructures). Globalement, la richesse nette des administrations publiques représentait 20 % du PIB en 2003. Certes le nouveau-né français hérite d'une dette publique, mais il hérite aussi d'actifs publics : routes, écoles, maternités, équipements sportifs [...] Si l'on considère l'ensemble des agents, publics et privés, la richesse nationale se compose du stock de capital physique et des avoirs nets accumulés sur l'étranger. Les actifs physiques représentaient quatre fois le PIB de la France en 1993, 5,2 fois en 2003 ; les avoirs nets de la France sur l'étranger sont faiblement positifs, de l'ordre de 9 % du PIB en 2005. ***Le nouveau-né français est donc riche en moyenne, à sa naissance, de 166 000 €*** *(la somme des patrimoines publics et privés, divisée par le nombre d'habitants). »*

Ça change un peu la perspective, non ?

■ PRÊCHER LE FAUX POUR MASQUER CE QUI N'EST PAS AVOUABLE

Mais nos bons moines ne se laissent pas désarmer aussi facilement car toute idéologie rend sourd. Ainsi le ministre de l'Économie et des Finances français, Thierry Breton, sacrifie au « politiquement correct » en rajoutant une couche, par crainte que le sentiment de culpabilité des citoyens ne soit pas encore assez prononcé. Il déclare que les 1067 milliards actuels ne représentent pas la réalité de la dette ! Selon, lui il faudrait rajouter les retraites à venir des fonctionnaires d'État, évaluées à 450 milliards d'euros, et celle des personnels des collectivités territoriales et des hôpitaux publics pour 450 milliards d'euros également, ce qui porterait la dette à plus de 2000 milliards ! Pourquoi ? Parce que ces sommes font partie de l'engament de l'État et qu'il faudra bien trouver l'argent pour y faire face. Même la Commission européenne, que l'on ne peut soupçonner de pensée économique antilibérale, ne retient pas les retraites futures des fonctionnaires dans le calcul de la dette publique. En vertu de quoi ajouterait-on à un déficit présent un autre, hypothétique, à venir ? Car nous ne savons rien encore des recettes futures de l'État. C'est projeter dans l'avenir une situation présente. Or, rien ne permet d'évaluer, aujourd'hui, budget de l'État en 2020, ni la façon dont les retraites seront payées.

Pourquoi donc utiliser des arguments aussi outranciers ? Parce qu'assénés avec aplomb, leur apparent bon sens, additionné à l'effet électrochoc des chiffres, a toutes les chances de marquer les esprits de façon indélébile. Dans quel but ? Celui d'alimenter le courant de pensée néo-libéral globalement ambiant depuis le consensus autour des bienfaits de la mondialisation et la fin du monde bipolaire qui existait avant la chute de l'empire soviétique. Nous ne sommes pas en train de regretter le collectivisme qui n'a démontré ni sa capacité à rendre heureux les peuples qui le vivaient, ni à faire mieux dans aucun domaine que les pays capitalistes. Nous soulignons seulement que le capitalisme lui-même obéit à plusieurs écoles et qu'après « l'ère keynésienne », favorable à une régulation de l'économie par l'État, s'est largement ouverte l'ère néo-libérale, dont la gauche européenne a d'ailleurs contribué à faire le lit. Le néolibéralisme s'appuie sur le postulat que le « marché » est autorégulateur dès lors qu'on laisse s'exercer la loi de l'offre et de la demande, sans aucune intervention. L'État doit donc se désengager de l'économie, sa fonction devant se réduire à un rôle de police et de justice pour assurer la sécurité sans laquelle « la main invisible du marché » ne pourrait dispenser ses bienfaits. Il est donc de bon ton d'ancrer dans les têtes que l'État est un piètre gestionnaire, qu'il gaspille l'argent public, que son action trouble le jeu et empêche les mécanismes qui permettraient le parfait fonctionnement auto régulateur des marchés.

Ce qui est dit, ou le plus souvent suggéré implicitement – ce qui est encore plus efficace en terme de communication – c'est que l'accroissement de la dette proviendrait d'une augmentation excessive des dépenses de l'État. Or c'est faux. Comme nous l'avons rappelé, il y a accroissement de la dette parce que, tous les ans, le budget de l'État est en déficit et qu'il choisit de recourir à l'emprunt, par l'émission d'obligations, plutôt que de recourir à l'augmentation de l'impôt. Nous verrons pourquoi un peu plus loin. Il n'y a pas en cela hérésie économique ! Rappelons que la règle du jeu a été acceptée par les pays de la zone euro en juin 1997 dans ce que l'on appelle le « pacte de stabilité ». Selon les termes de ce pacte, les pays, pour faire partie de la zone euro, s'engagent, entre autres, à ne pas avoir un déficit annuel supérieur à 3 % de leur PIB.

Le déficit est donc considéré par la communauté internationale comme économiquement « normal » dès lors qu'il ne dépasse pas une certaine proportion du PIB.

L'importance de la dette dépend de plusieurs facteurs.

C'est, en premier lieu, la différence entre les recettes et les dépenses, hors intérêt. C'est ce que l'on appelle le « déficit primaire ».

Ensuite, il y a le poids des intérêts payés par l'État. La dette peut augmenter par rapport au PIB, soit parce que les recettes ont diminué, soit parce que les dépenses ont augmenté, soit par effet « boule de neige »[6] des versements d'intérêt sur les dettes acquises, soit par l'action conjuguée de plusieurs de ces facteurs. Or, si l'on considère les choses depuis 1980, on constate que les dépenses de l'État sont restées stables par rapport au PIB : 22,8 % en 2003 contre 23 % en 1980. Mais les recettes, elles, ont baissé : 18,8 % du PIB en 2003 alors qu'elles représentaient 22,3 % en 1980 ! Le solde primaire (recettes moins dépenses hors intérêt), quant à lui n'a jamais dépassé 1,5 % du PIB, sauf en 93 et 94 ; il a même été légèrement excédentaire entre 89 et 91. En revanche, le taux d'intérêt payé par l'État a toujours été supérieur à celui de la croissance de l'économie sur la même période. Ainsi contrairement à ce que l'on veut nous faire croire, la dette ne s'alourdit pas en raison de l'accroissement des dépenses de l'État mais par effet cumulé de l'abaissement des recettes et de l'effet « boule de neige » de l'intérêt[7].

6. L'effet « boule de neige » s'apprécie de la façon suivante : on prend le taux d'intérêt appliqué à l'emprunt. Année après année, on déduit de ce taux celui de l'inflation pour déterminer le taux réel (ce que coûte réellement l'emprunt). Si le taux réel est supérieur à celui de la croissance de l'économie, le poids de la dette augmente mécaniquement, même si le déficit primaire est nul car il s'applique sur l'ensemble de la dette acquise.

7. Les chiffres cités dans ce paragraphe et le tableau qui suit sont extraits de la lettre d'avril 2006 de Michel Husson *Dette publique, rente privée*. Michel Husson est administrateur de l'INSEE, chercheur à l'IRES (Institut de recherches économiques et sociales), auteur de plusieurs ouvrages chez Syros ou Syllepsa. Nombreux textes et références disponibles sur son site : http://hussonet.free.fr

Composantes du ratio dette/PIB				
	1981-1991	1991-1997	1997-2003	Total 1981-2003
Radio dette/ PIB	10,1	18,8	8,4	37,3
boule de neige	4,7	10,1	5,3	20,1
Déficit primaire	5,4	8,7	3,1	17,2

Dans sa lettre de février 2006, que nous venons de citer en note, Michel Husson se livre à un calcul très intéressant. Il dit : *On fait l'hypothèse d'une baisse moins rapide de la part des recettes dans le PIB, et d'un plafonnement des taux d'intérêt réels autour de 5 %. Ce scénario rétrospectif conduit à la stabilisation de la charge de la dette de l'État qui fluctue entre 15 et 20 % du PIB; donc très loin des 66 % actuels. Autrement dit, la montée de la dette apparaît comme le coût à payer, non pas de dépenses excessives, mais des politiques de réduction des recettes publiques et de rigueur monétaire.*

Les gouvernements successifs, depuis une vingtaine d'années ont donc choisi de réduire les recettes et de reporter le manque à gagner sur l'emprunt, car diminuer l'impôt est une mesure électorale psychologiquement favorable. Mais ce choix politique est loin d'être neutre car :

– si l'État avait maintenu ses recettes à la même hauteur par rapport au PIB, le déficit primaire aurait été allégé, voire nul. La simulation faite par Michel Husson démontre l'effet cumulatif considérable sur 20 ans ;

– cela revient à transférer la richesse des plus démunis vers les plus nantis. Bien sûr, réduire l'impôt est populaire ; c'est une annonce dont tout le monde se réjouit ; mais les allégements successifs ne profitent pas à tous de la même manière. D'abord, les plus démunis ne paient pas l'impôt sur les revenus ; ensuite, pour la majorité des contribuables, le gain est modeste, en proportion avec la modicité de leurs ressources.

En revanche, la différence est sensible sur les plus gros revenus. Mais le cadeau ne se limite pas au seul avantage fiscal : c'est, pour les plus nantis, une possibilité d'épargne supplémentaire à placer. Est-il nécessaire de préciser que ce n'est pas l'épargne des plus modestes, quand ils peuvent se le permettre, qui pèse le plus lourd dans l'épargne nationale ? Pour situer les choses, sachez qu'en France 40 % du patrimoine national est détenu par 10 % des familles les plus aisées.

Dans certains pays, et particulièrement les plus pauvres, ce sont 80, voire 90 % de la richesse nationale qui appartient à 2 ou 3 % de la population. Ainsi, la réduction de l'impôt dégage une manne supplémentaire que les plus riches investissent, entre autres en obligations du Trésor. À titre d'exemple, l'État français a proposé, en avril 2005, une obligation assimilable au Trésor (OAT) qu'il s'est engagé à émettre à hauteur de 6 milliards d'euros. Or, ce sont 19,5 milliards qui ont été demandés ! Comme quoi la dette ne donne pas des boutons à tout le monde. Elle est, au contraire, pour ceux qui en ont les moyens, une source d'enrichissement.

Voyez-vous la logique ?

– D'un côté les perdants : la majorité des citoyens qui sont d'autant plus perdants qu'ils appartiennent aux couches sociales les plus défavorisées et que l'on endort en annonçant des réformes fiscales allant dans le sens d'un allègement de l'impôt pour relancer la consommation génératrice d'emplois. Qui ne serait séduit par une telle offre ? Or, d'une part, la croissance annoncée n'est pas au rendez-vous[8], et

8. Le taux annuel de croissance du PIB variait entre 2,7 et 3,5 entre 1970 et 1989 et était en moyenne de 1,7 entre 1990 et 1999. Quant au taux moyen annuel d'amélioration de la productivité, il fluctuait entre 3 et 3,5 durant la période 1970 à 1989 et progressait en moyenne de 1,7 % pendant la période 1990 à 1999. Dans son livre *Le partage contre la croissance* Jean Vassileff souligne, d'une part, que si la croissance n'a pas cessé d'être positive en France durant les 40 dernières années, elle allait en s'amenuisant et, d'autre part, que les gains de productivité suivaient la croissance de sorte qu'elle n'a aucun effet sur l'emploi. Il précise, en outre, que si le PIB a augmenté de 400 % ces 40 dernières années, le nombre d'emplois actifs ne progressait, lui, que de 21 %.

pour cause, puisque le bénéfice de l'opération est épargné et non consommé[9] de sorte que les plus fragiles ne trouvent aucune amélioration à leur sort et, d'autre part, la diminution de recette qui en résulte crée du déficit chronique qui est ensuite utilisé comme prétexte à fustiger l'État, qui n'hésite d'ailleurs pas à se fustiger lui-même, et à demander une diminution des dépenses et une gestion plus stricte. C'est cette exigence qui a conduit le gouvernement français à affecter au désendettement les 10 milliards de plus-values de recettes de 2004, et les 10 milliards provenant de la cession des sociétés d'autoroutes. Autant d'argent qui reste dans le monde de la finance mais ne profite en rien à la population.

– De l'autre côté, les gagnants – les couches sociales les plus favorisées qui bénéficient le plus des allègements fiscaux, dans un premier temps, et trouvent, dans l'alourdissement de la dette, dans un deuxième temps, une nouvelle source de placement rentable. Deux fois gagnants !

Certains verront dans cette présentation un discours gauchisant prononcé. *Vous voulez les misérables secourus,*

---

9. Le chroniqueur Léo-Paul Lauzon dit à ce sujet, dans la rubrique économique du journal indépendant québécois *Acces* du 17 mars 2006 : *Comme le signalait Dominique Vachon, l'ex-économiste en chef de la Banque nationale dans un article du journal* Le Devoir *du 8 décembre 2000 intitulé « Un Québec fort dans un Canada solide », seulement 3 centimes sur chaque cent dollars de gains boursiers en capitaux sont consommés dans l'économie* – Le reste retourne à la spéculation et ne produit rien.

disait Victor Hugo, *moi je veux la misère supprimée* ! Nous n'avons rien contre les riches, nous dénonçons seulement le fait que la fracture sociale dans le monde ne cesse de s'agrandir et que la richesse qui, globalement, augmente, ne profite qu'aux classes les plus privilégiées. Vous en doutez ? Dans l'article intitulé « 1995-2005 » paru dans le journal *Marianne* n° 463 du 4 mars 2006, nous lisons : *La principale famille des perdants est globalement celle des salariés. Entre 1995 et 2005, leur salaire médian a augmenté de 26 %, soit un gain de pouvoir d'achat inférieur à 8 %*[10]. *Les mauvaises années, comme 1996 et 2003, les revenus réels des salariés ont même reculé. Cette médiane cache de grandes disparités. Depuis dix ans, le temps partiel subi s'est développé, les contrats précaires aussi […] L'écart entre les 10 % de salariés de base et les 10 % de salariés les mieux payés continue de se creuser dans les grandes entreprises […]. Les actionnaires rosissent de plaisir et ceux qui ne vivent que de leur travail grincent des dents… et se serrent la ceinture. […] Comment, dès lors, s'étonner qu'à l'issue de notre enquête sur l'évolution des revenus de 1995 à 2005, le vainqueur toutes catégories soit le revenu tiré des dividendes, en progression de 77 %, loin devant tous les autres revenus des ménages ?*

10. 7,9 % pour être plus juste. La direction de l'animation de la recherche, des études et des statistiques nous donne les chiffres suivants : « Évolution des salaires entre 1995 et 2005 avant inflation : 28 % pour les ouvriers, 25 % pour les employés, 22 % pour les intermédiaires et 21 % pour les cadres. Après inflation l'augmentation se réduit respectivement à 10,6 %, 8,1 %, 5,6 % et 4 % soit 7,9 % en moyenne pour l'ensemble des salariés. »

■ CLARIFIONS LES CHOSES

En résumé, à en croire le rapport Pébereau, publié le 14 décembre 2005, et le discours ambiant de la classe politique européenne en général, « La dette » est devenue l'ennemi public numéro 2 après l'inflation, comme symbole d'une croissance immodérée des dépenses publiques et poison anti-croissance. Il y aurait, sans doute, beaucoup à dire sur la façon dont les États utilisent les deniers publics mais le vrai problème de la dette n'est pas là où on veut nous le faire voir.

– C'est oublier que la dette correspond à des sommes (malheureusement pas à équivalence de celles qui ont été empruntées, en raison de l'intérêt) qui ont participé à la richesse nationale. La fiscalité et la dette ne servent pas qu'à payer le champagne et les petits fours des réceptions ministérielles; elles se transforment en dépenses collectives telles qu'écoles, hôpitaux, routes, services de santé, instruction publique, défense nationale, services de protection sociale, etc.

– Contrairement à ce que l'on veut nous faire croire, rappelons-nous que la part des dépenses publiques n'a pas augmenté par rapport au PIB depuis 1980. Mais comme le souligne Denis Clerc dans son livre *Déchiffrer l'économie* paru chez Syros, la question de l'insuffisance de rigueur de la gestion des fonds publics *pose le problème du contrôle par les usagers des services collectifs, et non celle de leur ampleur. [...] L'ampleur des poursuites judiciaires pour corruption menées à l'encontre d'élus, profitant de leur pouvoir pour arrondir leurs fins de mois ou celles de leur parti, montre qu'il ne s'agit pas d'un problème marginal. Diminuer le gaspillage ne résultera pas d'un rationnement de ces dépenses mais d'une plus grande démocratie dans la prise de décision et d'une participation des usagers dans le fonctionnement des services collectifs.*

– Même si le montant de la dette primaire avait pu être réduit, grâce à une meilleure gestion des fonds publics, il ne serait pas sans intérêt de réaliser que tant que la dette n'est pas remboursée, l'argent emprunté circule dans la communauté. Nous l'avons souligné au début de ce livre, l'argent moderne est « temporaire » ; il n'existe qu'entre le moment où il est créé par le crédit et le moment où l'emprunt est remboursé[11]. Réglons l'ardoise et nous serons plus pauvres

11. Denis Gauci, dans le n° 23 de l'Association pour les droits économiques et démocratique – ADED – précise, à ce sujet : *Nous le voyons, personne ne peut échapper au paiement des intérêts. L'État est toujours emprunteur. En avril 2004, sa dette s'élevait à 998,1 milliards d'euros. Les entreprises et les particuliers sont presque toujours emprunteurs à un moment de leur existence. À la même date, leurs dettes s'élevaient respectivement à 1114,1 et 611,6 milliards d'euros. La monnaie ne pouvant être obtenue que par l'emprunt, la nature du système veut que ces chiffres ne puissent qu'augmenter inexorablement et l'on reste sidéré de constater l'aveuglement (pour ne pas employer d'autres mots mieux adaptés) de nos « dirigeants » à vouloir résorber la dette par des économies car,* ***même si nous réduisions nos dépenses à zéro, nous serions tous morts et notre dette ne serait remboursée qu'à hauteur de 25 %.*** (http://assoc.orange.fr/aded/ puis « Espace Adhérents »).

d'un millier de milliards d'euros ! De quoi faire tordre le nez aux chantres de la croissance [12]… car il faudra tout simplement réemprunter ce qui aura été remboursé – peut-être d'une autre manière – mais n'est-ce pas cela qui serait souhaité [13] ?

– La présentation culpabilisante, de la dette qui serait le cadeau empoisonné que nous laisserions en héritage à nos enfants, ne cherche qu'à masquer le processus qui consiste à transférer les ressources de la masse des contribuables vers la minorité possédante. Ce qui est immodéré dans la dette, c'est moins son montant que la part des intérêts dans ce montant. Nous nous sommes livrés à une simulation qui, pour être approximative, donne malgré tout un ordre d'idée édifiant : Sans vouloir remonter plus en amont que 1980, à cette époque la dette de l'État français était de 206 G€ (milliards d'euros) en valeur « euro 2004 ». Si on considère un taux d'intérêts moyen annuel à 5 % sur la période 1980 à 2004, un calcul à partir des valeurs annuelles de la dette

12. Dans l'analyse de Jérôme Creel et Henri Sterdiniak *Faut-il réduire la dette publique* publiée dans la lettre de l'OFCE N° 271 du 13 janvier 2006 nous lisons : *Le rapport (Pébereau) estime qu'il faudrait diminuer les dépenses publiques pour réduire les déficits et la dette, tout en reconnaissant, page 111, que cela nuirait à la croissance…*

13. Le rapport Pébereau préconise, en effet, le recours au crédit aux particuliers, crédits qui se substitueraient aux emprunts d'État. Là, encore, on voit la marque de l'idéologie néolibérale dont la ligne directrice est de « marchandiser » tout ce qui est marchandisable : instruction, santé, routes, etc., et de réduire le champ des dépenses publiques aux seuls biens et services où le paiement individuel n'est pas possible, comme l'éclairage public par exemple, que l'on ne peut pas facturer aux bénéficiaires en fonction de son utilisation.

nous montre que si nous n'avions pas eu à emprunter cette monnaie sur un marché monétaire (donc à payer des intérêts) la dette cumulée ne serait que d'environ 417 G€ à fin 2004 (au lieu de 1067 G€). Ainsi, entre 1980 et 2004, la dette a augmenté de 861 G€, lesquels sont répartis en 211 G€ de nouveau capital emprunté et 650 G€ d'intérêts[14].

Les prêteurs nous ont donc collectivement « ponctionné » de 650 G€. C'est un transfert de richesse de la collectivité vers des «particuliers »[15], vers ceux qui sont déjà les plus « riches ».

Évolution de la dette

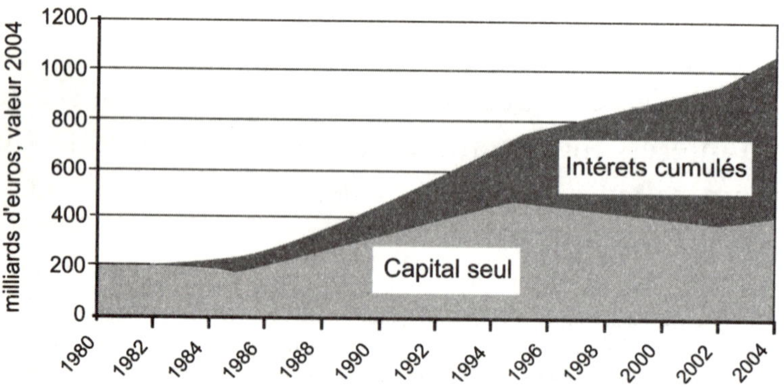

14. Vous pouvez consulter le détail de ce calcul et télécharger ce petit fichier en excel sur http://tiki.societal.org/tiki-download_file.php ?fileId=25 et lire quelques autres arguments concernant « la dette » sur http://tiki.societal.org/tiki-index.php ?page=DettePublique
15. 500 G€ (47 %) de la dette nationale est détenue par des Français. Le reste l'est par des investisseurs étrangers; mais les Français détiennent également des bons du Trésor américain et d'autres emprunts d'États étrangers.

En réalité, comme nous le rappelle Michel Husson dans sa lettre d'avril 2006, *le transfert ne se fait pas entre générations, mais entre couches sociales : ce sont les contribuables d'aujourd'hui (et pas les générations futures) qui paient les rentes d'État versées aujourd'hui à ceux qui en bénéficient.*

Tout cela, en fin de compte trouve son origine dans deux causes principales :

– Dans le problème psychologique que posent les dépenses publiques. Leur vocation est de redistribuer une part de la richesse en vue du bien commun en finançant une production non marchande sous la forme principale de services gratuits ou à tarif modéré. Or, comme nous le rappelle Denis Clerc dans le livre précédemment cité, non seulement *une légende tenace décrit l'utilisation de ces ressources comme semblables au tonneau des Danaïdes : un puits sans fond* ! mais encore, et surtout, *ceux qui paient ne sont pas forcément ceux qui reçoivent*, ce qui, à notre époque d'individualisme triomphant, en défrise plus d'un. La logique sous-jacente de la redistribution par le biais des dépenses publiques est celle de la satisfaction des besoins, à contre-courant de la logique marchande. Or, la mode libérale, tout aussi triomphante dans les milieux aisés, préconise le recours systématique au marché pour satisfaire les besoins : *À chacun selon ses moyens et non selon ses besoins.*

– Dans le problème de la création monétaire. Eh oui ! Nous voilà en train d'entonner notre leitmotiv, mais cette question est, selon nous, incontournable. L'indépendance des banques centrales, principalement en Europe, fait que le monde politique est inféodé au monde économique et surtout financier. Or, ces mondes répondent à des exigences différentes. Les politiques ont pour domaine la vie réelle : celle des êtres humains, en chair et en os, celle de la nature qui les nourrit, celle qui répond à des équilibres fragiles, celle qui a besoin d'être respectée, aimée, sacralisée. Le monde financier a pour domaine la représentation « symbolique » de l'économie réelle. Son souci est de maintenir des équilibres comptables et de faire produire à l'argent toujours plus d'argent dans la logique actuelle. L'indépendance du financier et son abandon aux seuls intérêts privés condamnent l'humanité à mettre ses idéaux au service du dieu argent. La question de la dette ne se poserait même pas si les peuples étaient souverains de leur monnaie, car ils pourraient la créer, sans intérêt !

La question de la dette, telle qu'elle nous est présentée officiellement, relève de la pure désinformation. Il ne faut y voir qu'un discours qui sacrifie à la mode libérale. Pour notre part, nous voyons en ce début de XXIe siècle une invitation forte à faire un choix de société qui se situe bien au-delà du traditionnel conflit d'intérêts entre riches et pauvres, bien au-delà du conflit idéologique droite et gauche. À l'heure où les êtres humains sont confrontés à des situations encore inconnues de leur histoire : armes de destruction pouvant détruire la planète, une population de plus de 6 milliards d'habitants, une capacité de production bien supérieure à la demande, une pollution croissante menaçant l'avenir de la vie, des ressources naturelles non renouvelables en voie d'épuisement, ne serait-il pas temps d'explorer des pistes plus intelligentes que celles héritées du passé ? Plutôt que de rester prisonniers d'une logique de rapports de force, ne pourrait-on commencer à explorer celle de la coopération ? La réconciliation de l'homme avec ses outils et, en particulier l'argent, pourrait être un acte fondateur déterminant. La dette publique est un exemple typique de ces faux problèmes que les hommes affectionnent de se créer, qui se traduisent ensuite en vrais problèmes. Cessons de les alimenter et les vrais se trouveront naturellement réglés. Trop simple ? En apparence peut-être… en réalité c'est tout l'exercice du pouvoir dans le monde qui s'en trouverait affecté et là, manifestement, ça bloque !

Si vous désirez être les esclaves des banques, et payer pour financer votre propre esclavage, alors laissez les banques créer l'argent.

Josiah Stamp (1880-1941),
Gouverneur de la Banque d'Angleterre, 1920

MENSONGE N° 5

Toute production ne se justifie que si elle est rentable

Avez-vous entendu parler des maladies dites « orphelines » ? Ce sont des maladies rares qui touchent très peu de personnes. Elles sont pour la plupart extrêmement pénibles, handicapantes, voire fatales. Elles sont identifiées par les symptômes qui les caractérisent mais le drame est que les traitements sont aussi rares que les maladies. Pourquoi ? Parce que la population qui en souffre ne constitue pas, par son nombre, « un marché » justifiant que des laboratoires investissent dans des recherches. Eh oui ! Que voulez-vous ! Les millions d'euros qu'il faudrait mettre sur la table ne pourraient pas être récupérés par la vente des médicaments, trop épisodiquement prescrits en raison de la rareté de ces maladies. Il faut une consommation de masse (un marché) pour « rentabiliser » l'investissement. Alors Mesdames, Messieurs et petits enfants malades de ces pathologies, *circulez y'a rien à voir…* ! comme dirait notre regretté Coluche.

Notre propos, ici, n'est pas de jeter la pierre aux laboratoires. Même s'il y aurait, sans doute, pas mal à dire sur leur attitude et leur stratégie dans d'autres domaines, sur ce point précis, ils ne font que respecter la règle du jeu de l'économie capitaliste, faute de quoi c'est la faillite qui les guetterait au bout du chemin. La rentabilité est, pour l'entreprise privée, le « pompon » que l'enfant doit décrocher au manège s'il veut faire un autre tour. Si l'affaire n'est pas rentable, il faut boucher le trou en remettant de l'argent, ou c'est l'absorption par une autre entreprise plus viable, ou la fermeture des portes. Mais il semble que l'obligation de rentabilité s'étende aussi, et de plus en plus, au secteur public, ce qui, non seulement ne choque presque personne, mais est, implicitement ou explicitement, demandé. Nos gouvernements, comme nous l'avons rappelé dans le chapitre précédent, aiment à comparer l'État à une entreprise et se font un devoir de le gérer comme s'il en était une. Il fut un temps où, ce qui comptait, c'était, par exemple, d'assurer la plus large couverture possible de dessertes ferroviaires afin que les villages les plus reculés restent reliés au monde, ou que les habitants des ces mêmes villages reçoivent leur courrier dans les mêmes conditions que les gens des grandes villes. Mais aujourd'hui, on ferme gares, postes, écoles, hôpitaux parce que maintenir ces structures dans certaines zones peu peuplées n'est pas « rentable » ! Autres temps, autres mœurs, ou plutôt autre idéologie. C'est l'équilibre des comptes qui, maintenant, prime sur le service au citoyen. Bien sûr, le contexte général est aujourd'hui bien différent de ce qu'il était voilà seulement 50 ans et il est certainement sain de faire évoluer les services publics. Ce que nous regrettons, c'est que le fil conducteur de l'évolution soit « la rentabilité » avant la recherche de la meilleure adéquation des services aux besoins des populations.

■ RENTABILITÉ ! MAIS DE QUOI PARLE-T-ON ?

Le dictionnaire nous dit : *Rentable : qui produit un bénéfice*. Bien ! Qu'est-ce alors qu'un bénéfice ? *Emprunté du latin beneficium, « bienfait ». Comme terme juridique, au sens de « avantage », « gain » [...] Gain, profit réalisé dans une entreprise*[1]. Voilà qui laisse apparaître toute l'ambiguïté d'un mot. On croit souvent parler de la même chose parce qu'on utilise le même mot et pourtant : les termes de « bienfait »

---

1. Dictionnaire de l'Académie Française.

et « profit » ne laissent-ils pas entrevoir l'étendue possible des malentendus ? Ils peuvent être synonymes, ils peuvent aussi traduire des réalités très éloignées selon la définition qu'on leur donne. Ainsi en est-il du mot « profit » qui, en économie, a une signification précise : *ce qui reste au crédit du compte pertes et profits*[2]*, après que les dépenses aient été passées au débit.* En d'autres termes, on additionne d'un côté les recettes, de l'autre les dépenses, et on fait la soustraction. Si la colonne des recettes l'emporte sur la colonne des dépenses, on a fait du profit, si c'est l'inverse on est en perte. Cela semble tellement évident et relever d'un tel bon sens que l'on peut se demander pourquoi nous abordons le sujet.

Tout d'abord, soulignons que la « production », c'est-à-dire l'ensemble des biens et services produits dans une communauté pour répondre aux besoins de cette dernière, est traduite en argent. Toute activité, privée ou publique, est résumée en chiffres, et c'est la seule analyse comptable de ces chiffres qui compte. Une clinique est-elle jugée sur

2. Le compte « pertes et profits » a été débaptisé et s'appelle maintenant le compte de résultats. Nous conservons ici l'ancienne terminologie car nous la trouvons plus parlante. C'est pour souligner le fait que nous, les êtres humains, préférons souvent changer les mots plutôt que la réalité qu'ils contiennent, pour mieux masquer ou édulcorer cette réalité… Vous voyez ce que nous voulons dire ? Des choses comme « dommages collatéraux », « restructuration »…

le nombre de patients qui y ont été guéris ? Un ébéniste sur la beauté et la qualité de ses meubles ? Un agriculteur sur la population qu'il a alimentée ? En économie, ce qui est produit ne compte pas ; ce qui compte, c'est le seul résultat financier. La production n'est que prétexte à générer du financier. Et c'est là que le bât blesse. Vous, vous voulez aller au théâtre, vous divertir, vous cultiver, mais le producteur de la pièce, lui, ne pourra continuer son activité que si les pièces qu'il monte dégagent un profit financier. On voit, dès maintenant, toute l'ambiguïté. La richesse pour l'humanité s'exprime en « réel » : avoir à manger, pouvoir s'instruire, se soigner, se divertir, s'habiller, communiquer, se déplacer etc. En économie elle s'exprime en « symbolique » : l'argent. Deux réalités qui ne s'harmonisent pas nécessairement, loin s'en faut, parce qu'elles ne donnent pas la même signification au mot « profit ». Tandis que l'homme cherche le bonheur, l'économie, elle, ne cherche que le profit (au sens spécifique qu'elle lui donne). Or, la tradition populaire affirme que *l'argent ne fait pas le bonheur – même s'il y contribue* – s'empresse-t-elle de rajouter. Tout est dit ! Le problème n'est pas la recherche du profit financier en soi ; le problème tient au fait que le résultat financier est le seul critère d'appréciation.

■ COMMENT EN EST-ON ARRIVÉ À « MARCHER SUR LA TÊTE » ?

Il s'est produit, au fil du temps, en économie, un renversement de valeurs dont nous payons, aujourd'hui, les conséquences. Pendant longtemps, la production n'a pas été économique. L'homme allait chercher dans la nature de quoi survivre par le biais de la cueillette et de la chasse. Ce que l'on appelle production économique n'est venu que beaucoup plus tard, avec l'agriculture et l'élevage… et encore ! On ne peut pas vraiment parler d'économie tant qu'il n'y a pas eu division et spécialisation du travail [3] ni échanges organisés. Dans tous les cas, et ceci jusqu'à l'aube du capitalisme, le monde vivait d'une économie de « subsistance ». Et pour cause ! Jusqu'à l'industrialisation, la production était hasardeuse de sorte que l'objectif premier était de survivre. Raymond Delatouche, dans son livre *la chrétienté médiévale, un modèle de développement* (Éd. Téqui) précise que le paysan de l'époque produit pour lui et sa famille. Il ne va au marché que pour vendre ses surplus. Il précise en outre : *Ainsi se discerne, au sein d'une même économie de marché* [4],

3. C'est ce qui est arrivé au fur et à mesure que les techniques se sont développées. Avant, un homme subvenait à l'ensemble de ses besoins. Avec l'évolution, les gens se sont spécialisés dans certaines tâches, ce qui les a conduits à échanger une partie de leur production contre ce qu'ils ne pouvaient ou ne savaient pas produire eux-mêmes.

4. Raymond Delatouche, dans cet ouvrage, démontre que le Moyen Âge, du début du XIe siècle jusqu'au XIVe répond à la définition d'économie de marché à « concurrence parfaite », à l'inverse de l'économie moderne de marché à « concurrence faussée » par le monopole de fait qu'exercent les grandes entreprises et les règles du jeu différentes entre les pays (sociales, syndicales, salariales, etc.).

la différence fondamentale entre l'économie médiévale de service et l'économie moderne de profit. Initialement, la fin est la même : le service du consommateur, qui comporte évidemment rétribution du fournisseur. L'expérience montre que la concurrence sur le marché est le moyen le plus efficace d'assurer le meilleur service au moindre prix, à condition qu'elle s'exerce sur la qualité réelle du service. Et l'auteur d'expliquer comment la société de l'époque s'organisait pour y parvenir. Notons, entre autres, que pour garantir le meilleur service au meilleur prix, toutes les ventes devaient se faire en un seul lieu, au même moment, pour permettre aux acheteurs de comparer. Les prix devaient être discutés au grand jour pour éviter les ententes. La publicité était interdite pour garantir l'égalité des chances. Tout devait être vendu ; on ne ramenait pas chez soi les invendus, on les bradait pour les rendre accessibles aux plus démunis. Masquer une partie des stocks, pour faire croire à une pénurie et faire ainsi monter artificiellement les prix, était interdit. Bref, l'auteur souligne que l'évolution économique médiévale, qui fut considérable toutes proportions gardées, repose sur la moralité, le respect du travail et la qualité de service, fruits des effets combinés du droit celte hérité des grandes invasions et de l'essor de la morale chrétienne. Les cathédrales ne sont-elles pas le symbole d'une société qui vise tout autre chose que la « rentabilité » ? C'est à la fin du Moyen Âge, et surtout à la Renaissance, quand les marchands triompheront et imposeront de nouveau le droit romain, quand l'église perdra et sa moralité et son pouvoir, que l'argent va commencer à dominer. Mais tout bascule vraiment avec le salariat. Denis Clerc, déjà cité, nous dit[5] : *La réflexion économique n'a réellement pris corps qu'avec l'apparition du capitalisme, c'est-à-dire d'un système de production fondé sur le travail salarié. Dans un système économique fondé sur l'esclavage ou sur la corvée obligatoire, on est moins regardant sur l'efficacité du travail fourni : ce qui compte le plus, c'est la quantité. Mais lorsqu'il faut payer les travailleurs, on devient exigeant, on s'intéresse au rapport qualité/prix. [...] En d'autres termes, le système capitaliste n'accorde aucun intérêt à la valeur d'usage, c'est-à-dire à l'agrément plus ou moins grand tiré d'une activité; seule compte la valeur marchande, c'est-à-dire la quantité de travail rémunéré dépensée pour créer des biens ou des services. [...] La production ne désigne pas ce qui est utile à l'homme, elle désigne ce qui résulte d'un travail rémunéré.*

C'est ainsi que l'on passa d'une économie fondée sur la recherche de « richesse réelle » à une économie fondée sur la recherche du profit financier.

---

5. *Déchiffrer l'économie* – Éditions Syros.

■ UN INDICATEUR « D'ALCHIMIE À L'ENVERS », OU COMMENT TRANSFORMER L'OR EN PLOMB !

La vrai richesse d'un pays, quel qu'il soit, c'est son peuple, son sol, sa faune, sa flore, son eau, son climat, ses ressources minières, sa culture, ses traditions, ses infrastructures, ses services, etc. Tout être humain est naturellement poussé à valoriser ses atouts en vue d'un meilleur bien-être et c'est ce à quoi il tente de s'employer au quotidien pour se faire une « place au soleil ». Mais l'économie, ne sachant pas additionner des carottes avec des cours d'histoire ou des gardes d'enfants, se borne à n'additionner que la valeur financière de ces « richesses ». *A fortiori*, elle est incapable de prendre en compte le plaisir d'apprendre, la beauté d'un paysage ou le bonheur d'être en pleine santé ou en harmonie avec ses voisins. Elle se limite donc à additionner des flux d'argent, d'où elle tire un indicateur sensé traduire la « réalité » de la richesse. C'est le PIB (produit intérieur brut).

Hit-parade de la réussite. « Les puissances » comme on dit, sont celles qui ont le plus gros PIB par habitant, symbole de leur prospérité, de leur savoir-faire, de leur « supériorité ». Le PIB est l'indicateur de bonne (ou mauvaise) santé économique ; c'est le thermomètre de l'économie, et plus « la température » monte, mieux c'est. C'est la somme de toutes les valeurs ajoutées [6], tant du secteur privé que du

6. La valeur ajoutée d'un produit est la différence entre le prix d'achat et le prix de vente.

secteur public. Ainsi y trouve-t-on toute la production marchande, celle qui se vend, et la production non marchande, c'est-à-dire les services non vendus comme l'éducation nationale, la justice, l'armée, etc.[7]. On y trouve aussi la valeur des productions individuelles, celles qui sont destinées à être consommées ou utilisées par soi-même, comme les légumes du jardin ou l'estimation de la valeur locative du logement dont on est propriétaire. Depuis 1998, il y a harmonisation des nomenclatures et modes de calculs au sein de l'Union Européenne, de sorte que les comparaisons sont possibles[8].

Mais de quelle richesse parle-t-on ?

L'introduction du rapport *Reconsidérer la richesse* réalisé par Patrick VIVERET, conseiller référendaire à la Cour des Comptes en janvier 2002, commence par ces paragraphes :

Nous avons la preuve permanente que notre représentation actuelle de la richesse, et l'usage contre-productif que nous faisons de la monnaie, aggravent les problèmes

---

7. Précisons que ces productions n'étant pas vendues, elles sont comptabilisées à la valeur des rémunérations des fonctionnaires qui les produisent.

8. À titre d'exemples, voici le PIB 2003 et 2004, exprimé en milliards de dollars US, de quelques pays (source Banque mondiale et OCDE) : États-Unis 10 933/11 651 ; Japon 3571 /3571 ; Allemagne 2171/2335 ; France 1709/1769. À noter qu'en 2005 le PIB de la France se situait à environ 1700 milliards d'euros et celui de la zone euro à 7500 milliards d'euros.

auxquels nos sociétés sont confrontées au lieu de nous aider à les résoudre. Dans la plupart des dossiers qui ont été au cœur des débats publics de ces derniers mois, de la vache folle à l'Erika, de l'amiante aux accidents de la route, des conséquences de la grande tempête de décembre 1999 à la crise des carburants de l'automne 2000, il y a toujours un élément commun que l'on oublie curieusement de rappeler : ces catastrophes sont des bénédictions pour notre produit intérieur brut, ce chiffre magique dont la progression s'exprime par un mot qui résume, à lui seul, la grande ambition de nos sociétés matériellement développées et éthiquement sous-développées : LA CROISSANCE *!*

[...] Plus de destructions = plus de PIB

Car les centaines de milliards que coûtent à la collectivité ces destructions humaines et environnementales ne sont pas comptabilisées comme des destructions mais comme des apports de richesse dans la mesure où elles génèrent des activités économiques exprimées en monnaie. À supposer que nous n'ayons aucun accident matériel ou corporel, ni morts ni blessés sur les routes de France l'année prochaine, notre PIB baisserait de manière significative, la France perdrait une ou plusieurs places dans le classement des puissances économiques et l'on verrait nombre d'économistes nous annoncer d'un ton grave que la crise est de retour.

[...] Les activités bénévoles font baisser le PIB

Dans le même temps, toutes les activités bénévoles qui, grâce en particulier aux associations loi 1901, dont nous nous apprêtons à fêter le centenaire, ont permis d'éviter ou de limiter une partie des effets de ces catastrophes – par exemple en allant nettoyer les plages polluées ou en aidant gratuitement des handicapés – n'ont, elles, permis aucune progression de richesse et ont même contribué à faire baisser le produit intérieur brut en développant des activités bénévoles plutôt que rémunérées. Autant dire que nous marchons sur la tête. »

Voyez-vous l'absurdité à laquelle on aboutit quand richesse symbolique et richesse réelle sont confondues ? Le PIB est-il un mauvais indicateur ? Non, c'est un indicateur qui a pour intérêt de mesurer un flux de productions, un flux de dépenses. Ce qui est grave et absurde, c'est de tout résumer à ce seul indicateur, comme si la vie d'une personne pouvait se traduire uniquement par sa température ! Il serait essentiel de mettre en place d'autres indicateurs pour rendre compte, d'une manière plus fine, de l'adéquation entre la production économique, le bien-être des peuples et le respect de l'environnement naturel.

Pierre Kende[9] avait déjà posé la question en 1977 : *Peut-on mesurer le bonheur national* ? En 1990, la Banque

9. Kende est sociologue et essayiste politique; il a enseigné à l'École des hautes études en Sciences sociales (EHSS). Il a également été directeur de recherche au CNRS, auteur de *L'abondance est-elle possible ?* chez Gallimard et *Le défi hongrois* aux éditions Buchet Chastel.

mondiale a introduit un nouvel Indice de développement humain (IDH) pour tâcher de rendre les chiffres plus représentatifs de la réalité humaine. Elle a intégré, en plus du niveau de consommation, le niveau d'instruction, l'état sanitaire de la population et le degré de protection de l'environnement.

François Plassard [10], dans un document de synthèse intitulé *Imaginer une autre société : pour le capital ou pour l'homme* [11], présente l'étude réalisée par l'association américaine « *Redefining Progress* [12] ». Cette organisation se donne pour but de mesurer l'état « réel » de l'économie, de l'environnement, de la justice sociale avec des outils comme le « *Genuine Progress Indicator* » – GPI – (Indicateur de progrès réel – IPR). *Dès 1995, plus de 400 économistes américains ont publiquement reconnu cet indicateur comme une alternative*

10. François Plassard – docteur d'État, ancien directeur de recherche au CNRS jusqu'en 2004, ingénieur en agriculture, ancien agent de développement territorial, formateur et développeur de projets en milieu rural. Il est l'initiateur de la démarche « eco hameau » (prix CIME Balise 2003) et auteur, entre autres, de *La Vie rurale : un enjeu écologique et de société* aux Éditions Yves Michel.

11. Il s'agit d'un document de synthèse que François Plassard à réalisé à partir, entre autres, de divers articles de la revue *Alternatives Économiques* et de texte de Jean Zin (Outre sa critique écologique et politique de la domination économique, Jean Zin analyse également des transformations du travail et de la nouvelle économie, et défend le droit au revenu. Une très haute pensée libre dans le champ de l'écologie, sur http://perso.wanadoo.fr/marxiens/ et http://jeanzin.free.fr/). Ce document de synthèse n'a pas été publié mais nous nous y référons dans les pages qui suivent, en raison de sa grande richesse. Nous le préciserons à chaque fois.

12. « *Redefinig Progress* » (RP) est une association à but non lucratif établie à Oakland – Californie – www.RedefiningProgress.org

importante au tout-puissant PIB précise l'auteur du rapport. L'originalité de l'indicateur tient au fait qu'il ne se borne pas à additionner des dépenses vides de sens. Le chiffre global de production, type PIB, est éclaté en deux catégories. D'un côté, les activités porteuses de qualité de vie et, de l'autre, celles qui ont un effet négatif sur cette qualité. La somme des « nuisances » est ensuite déduite de la consommation globale tandis que la somme des « bienfaits » est ajoutée. Cela donne une image beaucoup plus réaliste de l'activité économique. Nous reproduisons ci-après, à titre d'exemple, le calcul du GPI américain pour l'année 1998, présenté dans le rapport. Dans ce tableau, les chiffres sont exprimés en milliards de dollars US ; ce qui est compté positivement est indiqué en gras, en maigre ce qui est compté négativement.

Consommation personnelle	**5 153**
Inégalités de revenus	- 118
Autres inégalités	-650
Consommation personnelle ajustée par les inégalités	**4 385**
AJUSTEMENTS :	
Valeur du travail domestique	**+1 911**
Services des biens durables	**+592**
Services de l'infrastructure routière	**+95**
Valeur du bénévolat	**+88**
Investissement net en capital physique	**+45**
Coûts de réduction de la pollution domestique	-12
Coûts de la pollution sonore	-16
Coût des délits	-28
Coûts de la pollution aérienne	-38
Coûts de la pollution de l'eau	-50
Coûts des « fractures » familiales	-59
Destruction des forêts	-83
Coût du chômage	-112
Coûts des accidents automobiles	-126
Réduction des terres cultivées	-130
Dette extérieure nette	-238
Diminution du temps de loisir	-276
Coût de la destruction de la couche d'ozone	-306
Pertes de terres humides (marécages…)	-363
Coût des déplacements quotidiens	-386
Coût des biens durables	-737
Coût des dommages environnementaux durables	-1 054
Destruction des ressources non renouvelables (énergies fossiles)	-1 333
GPI	**= 1 770**

Le rapport de François Plassard ajoute : *Entre le chiffre du départ (5 153 G$) qui représente le niveau de consommation et le niveau de l'indicateur de bien-être (1 770 G$), nous avons perdu les 2/3 de la somme […].*

Le graphique ci-dessous laisse clairement apparaître que l'augmentation du PIB entre 1950 et 2002 aux États-Unis ne se traduit pas dans l'indicateur de bien-être (GPI) qui n'a, pour ainsi dire, pas évolué [13].

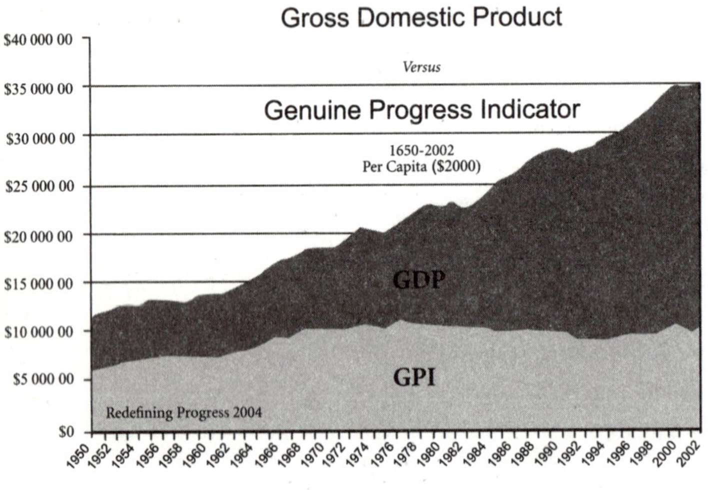

[…] La conclusion est que la croissance économique est un préalable au progrès, mais arrivée à un certain niveau, elle a des rendements décroissants en terme de bien-être.

13. http://wiki.les-verts.infini.fr/index.php/Mesurer_le_d %C3 %A9veloppement

En matière d'environnement, notamment, le marché ne garantit pas un développement durable. D'où les jugements, désormais bien connus, où la performance d'un pays, dans un domaine particulier est souvent contrebalancée par une contre-performance dans un autre domaine. Les exemples sont nombreux. Le faible taux de chômage américain est souvent mis en balance avec les horaires atypiques ou l'existence de « working poors[14] ». *La performance japonaise, jusqu'au début des années quatre-vingt-dix, était pondérée par la longueur des temps de transport, l'exiguïté des logements ou encore l'importance des suicides.*

Un autre indicateur est aussi celui de « l'empreinte écologique », calculé et présenté par le WWF dans le rapport *planète vivante 2002*[15]. L'empreinte écologique est l'estimation de la superficie terrestre et marine biologiquement productive, nécessaire pour répondre à l'ensemble de nos besoins tels que nous les satisfaisons par nos méthodes de production et nos modes de vie. En 1999, souligne ce rapport, l'empreinte écologique mondiale couvrait 13,7 milliards d'hectares, soit une moyenne par habitant de 2,3 hectares alors que la capacité productive de la terre était estimée

14. En français, « travailleurs pauvres ». Il s'agit de personnes qui, quoi que travaillant à temps plein, ont un revenu qui ne dépasse pas le seuil de pauvreté. Celui-ci est défini comme inférieur à 2/3 du salaire médian.
15. Pour plus d'informations : http://www.wwf.fr/empreinte_ecologique/

à 11,4 milliards d'hectares ; 1,9 hectare par habitant. D'ores et déjà la consommation humaine était supérieure de 20 % à la capacité de la Terre. Autant dire que depuis nous tapons dans les réserves. Il n'est pas innocent de noter, au passage, que la moyenne reste relativement proche de la capacité terrestre grâce à la misère qui règne sur les 2/3 de la population mondiale. C'est ce qui permet aux États-Unis en tête, avec une empreinte proche de 10 hectares par personne et l'Europe de l'Ouest, ensuite, avec près de 5 hectares, de vivre sur un modèle insoutenable globalement.

Mentionnons enfin un indicateur national qui présente aussi beaucoup d'intérêt : c'est le baromètre des inégalités [16], autrement appelé « le BIP40 ».

Les critères pris en compte pour établir ces indicateurs, PIB inclus, ainsi que les modes de calculs, sont bien évidemment discutables. C'est pourquoi, il est insensé de dresser le « hit parade des bons élèves » sur un seul de ces indicateurs. Pourquoi nos gouvernants, qui sont loin d'êtres ignorants de l'existence de ces autres indicateurs, d'ailleurs utilisés dans le cadres des grandes conférences internationales sur l'écologie ou à l'ONU, ne montrent-ils aucun enthousiasme à introduire de nouveaux indicateurs ? *Cherchez à qui*

16. http://bip40.org

profite le crime, dit-on. À l'évidence, les plus forts descendraient dans le palmarès ; c'est tout le modèle capitaliste libéral qui serait remis en cause, et en premier ceux qui en « profitent le plus ».

■ QUI, DE L'ŒUF OU DE LA POULE ?

Les puristes de l'économie vous diront que cette démonstration ne tient pas, parce que le profit financier représente nécessairement la réalité économique. Comment une entreprise pourrait-elle dégager un profit s'il n'y avait pas une clientèle pour acheter ses produits ou ses services ? Comment pourrait-elle être rentable si elle n'était pas compétente ? Le profit, pour les économistes, est la simple traduction de l'adéquation à la demande et le résultat logique d'un savoir-faire. L'économie ne fait que répondre aux besoins d'une population, le profit est l'indicateur de la capacité à y bien répondre. Le symbolique traduit le « réel » exactement.

C'est en partie vrai. On ne peut nier que, si une entreprise propose quelque chose qui ne correspond à aucune demande, elle n'aura pas de clients et donc pas d'argent. Mais on ne saurait oublier que de nos jours le commerce oriente la demande par le prix. Là commence le dialogue de sourds. Les consommateurs disent : *Nous ne sommes pas satisfaits, ce n'est pas cela que nous voulons !* À cela les producteurs rétorquent : *Nous ne faisons que répondre aux besoins, si tel n'était pas le cas, nous ne vendrions pas !* Nous sommes passés d'une « économie de production », qui s'est achevée à la fin des « Trente Glorieuses », à une « économie de marché ». À l'époque où la demande était supérieure à l'offre, vendre n'était pas le problème majeur. C'était l'après-guerre, on avait besoin de tout. L'offre n'avait pas besoin d'être très diversifiée ; il suffisait de produire ce qui était nécessaire et utile au quotidien. Les entreprises calculaient leurs prix en additionnant tous leurs coûts, puis elles rajoutaient une marge bénéficiaire. Ainsi déterminaient-elles leur prix de vente. Pour la même raison, c'était le plein emploi ; il y avait donc en face, du pouvoir d'achat et tout se vendait. Mais, depuis les années soixante-dix, dans les pays à revenus globalement confortables, les choses se sont inversées. La demande est devenue inférieure à l'offre par le simple fait que l'outil de production n'a cessé de s'améliorer tandis que le consommateur est de plus en plus « gavé ». La difficulté n'est plus de produire, mais de vendre ; et les productions se vendent au prix que les gens sont prêts à la payer. Si le prix de revient est de 10 et que le « marché » est prêt à le payer 1000, il se vend 1000 (et ne croyez pas que cette proportion soit fantaisiste) ; si c'est 12, il se vend 12. Si c'est 8 ou moins, il y a problème.

Le « marketing » est l'enfant naturel de l'économie de marché. C'est la technique qui consiste à convaincre les consommateurs d'acheter votre produit plutôt que celui du voisin, à grand renfort de publicité, de cadeaux, de rabais, d'offres promotionnelles, pratiques qui jouent beaucoup plus sur le psychologique qu'elles ne cherchent à exprimer une « vérité économique ». Le résultat est que la plupart « achètent le prix avant la chose ». Ne vous arrive-t-il pas d'acquérir quelque chose dont vous n'avez pas vraiment besoin, parce que vous ne voulez pas « rater une telle occasion » ? Ne vous arrive-t-il pas aussi d'acheter autre chose que ce que vous vouliez parce qu'on vous propose un prix « cassé » à côté, ou à cause du « cadeau » qui vous est offert avec ? Alors le profit traduit-il vraiment une bonne adéquation aux besoins ou une bonne manipulation du besoin ? Le Rapport mondial sur le développement humain (PNUD) 1998 indique qu'il suffirait de 40 milliards de dollars pour donner à toute la population du globe l'accès aux besoins de base (nourriture, eau potable, éducation, santé... en utilisant l'emploi et la production locale). Mais il souligne aussi que se sont 400 milliards de dollars qui ont été dépensés en publicité ! Pourquoi croyez-vous que les entreprises aient besoin d'investir une telle somme pour « faire acheter » ?

■ DE LA RENTABILITÉ À LA RENTABILITÉ (AVEC UN GRAND « R »)

En fin de compte, le mensonge réside moins dans l'affirmation que « toute production ne se justifie que si elle est rentable » que dans la définition économique de la rentabilité. Le sens atrophié qu'en donne l'économie fait que la course effrénée après ce profit-là garantit, certes, de véritables avantages pour certains mais sur le dos de beaucoup d'autres, pour se solder, au final, par des effets secondaires pervers qui nuisent au bien-être de tous, ne serait-ce que par la menace qu'ils représentent. À quoi sert d'être le plus « riche » au monde (en argent) si c'est pour vivre barricadé derrière des murailles pour se protéger de la violence que génère l'exclusion ? À quoi sert d'être le plus riche si c'est pour vivre dans un monde en permanence au bord de la rupture, où le lien familial et social s'effiloche, où le stress, la peur et la précarité règnent en maîtres, où les maladies dites de société se développent plus vite que les progrès de la science, où la nourriture ne nourrit plus, ou l'air devient irrespirable, l'eau imbuvable et rare ? À quoi sert ce « profit » qui fait courir le monde, si c'est pour mieux le mener à sa perte ? Car, à ce jeu, même ceux qui tirent tous les marrons du feu, pour le moment, ne pourront éviter les éclaboussures ; ils risquent fort de connaître le sort de l'arroseur arrosé. L'obligation de profit, à laquelle chacun d'entre nous est soumis dans son travail, faute de quoi « gagner sa vie » n'est pas possible, consiste à mettre toute notre intelligence, notre énergie, nos talents à scier patiemment la branche sur laquelle nous sommes assis. C'est ce que l'on appelle « gagner sa vie à la perdre ! »

Notre époque nous interpelle, elle nous envoie des signes de plus en plus pressants; elle nous invite à passer de la rentabilité (avec un petit « r ») à la Rentabilité (avec un grand « R »). Nous le rappelions plus haut; nos proches ancêtres n'étaient pas confrontés aux mêmes problèmes que nous. Leur souci était d'être capables de produire en suffisance. La population mondiale était 6 fois moindre [17], l'environnement naturel était intact, de même que les ressources naturelles non renouvelables. Que l'économie moderne ait été conçue sur une logique de « croissance », cela a tout son sens par rapport à la problématique de l'époque. D'ailleurs, le capitalisme n'a-t-il pas prouvé qu'il a su répondre au défi de son temps, puisqu'il a permis de sortir de la rareté et de répondre à des besoins que nos aïeux n'auraient même pas conçus ? Alors bravo ! Loin de nous l'idée de cracher dans la soupe. Mais le défi, face auquel nous sommes de nos jours, est tout autre qu'alors, et continuer à appliquer la même logique relève d'une bêtise suicidaire.

---

17. Elle était d'environ un milliard en 1800; de 2,3 milliards en 1940 et se trouve à 6,5 milliards aujourd'hui. Source wikipedia : http://fr.wikipedia.org/wiki/Population_mondiale

C'est, malheureusement, ce qui arrive le plus souvent quand une solution devient une idéologie. L'aveuglement, la soumission au rituel excluent toute intelligence, tout bon sens. Pourtant, les connaissances et les techniques dont nous disposons nous donnent la capacité de relever le défi qui est le nôtre. Quel est-il ? Celui de permettre à l'ensemble de la communauté humaine de s'épanouir, sans oublier un seul de ses membres, dans la paix et le respect des équilibres naturels nécessaires à la vie. Tout est là, il suffit de le vouloir et d'adapter nos outils. L'économie moderne est mensongère, elle brandit le rêve pour mieux duper, elle scintille de mille feux pour mieux hypnotiser. Tant qu'elle restera enfermée dans son carcan de « rentabilité financière », elle ne sera qu'un miroir aux alouettes. Les mondes politique et économique plaident pour « l'adaptation au changement ». Le monde a changé, disent-ils, il faut s'adapter ! Sans doute, mais quand vient la pluie après le soleil, faut-il apprendre à supporter d'être mouillé ? C'est cela qu'on nous demande, alors que ce sont nos modes de production et de répartition de richesse qu'il faudrait reconsidérer. À chacun d'entre nous de savoir ce qu'il veut. Se soumettre, être un bon mouton de panurge dans l'espoir de passer à travers les gouttes, ou devenir porteur de la demande forte de remettre l'économie à sa place d'outil au service des peuples, faire évoluer les définitions de la richesse et du profit, afin qu'ils soient synonymes de « bienfaits » pour tous.

MENSONGE N° 6

Il faut soutenir la croissance pour dynamiser l'emploi

Là encore, la théorie est simple et semble s'imposer à l'évidence. La croissance, c'est de l'augmentation d'activité. Si on consomme plus, il faut plus de production, donc plus d'emplois qui créent du pouvoir d'achat… qui se traduit par plus de consommation… Cela dynamise la production… qui recrute… les salaires génèrent du pouvoir d'achat qui se transforme en grande partie en consommation… etc. Cercle vertueux. À l'inverse de la croissance est la récession. Moins de consommation entraîne un ralentissement de la production. Les entreprises licencient. Même si les personnes mises à pied touchent des indemnités de chômage, la diminution du revenu et la peur du lendemain modifient leur comportement d'achat. On y regarde à deux fois, on fait attention. On consomme moins, ce qui a un effet négatif sur la production qui licencie à nouveau… et la consommation baisse… etc. Cercle vicieux !

■ LA CROISSANCE : UNE POTION DONT LA MAGIE LAISSE À DÉSIRER

Avez-vous remarqué comme la « croissance » est au centre de toutes les discussions économico-politiques ? À en croire nos gourous, nous avons affaire là à « la potion magique d'Astérix » ! Nos druides ne vont plus à la cueillette de plantes miraculeuses pour décupler les forces musculaires, ils ont les yeux rivés sur le PIB et passent leur temps à prier pour qu'il augmente. Alors, la croissance est-elle la condition incontournable pour sauvegarder l'emploi ? Sur le papier, en apparence, mais qu'en est-il dans la réalité ?

Nul doute que la croissance ou la récession a un effet sur l'emploi. D'après les experts, il faut au moins 2 % de croissance pour maintenir l'emploi, plus de 3 % pour qu'il se développe, mais les choses ne sont pas aussi simples que la théorie veut le dire.

Depuis les 40 dernières années, nous n'avons connu que la croissance. Hors, inflation, elle a été en moyenne annuelle, en France, de[1] :

1. Source : *Le partage contre la croissance*, Jean Vassiileff, Éditions Siloe.

- 5,7 % pour la décennie 1959 à 1969
- 3,7 % pour la décennie 1970 à 1979
- 2,3 % pour la décennie 1980 à 1989
- 1,8 % pour la décennie 1990 à 1999
- 1,9 % entre 2000 et 2005

Évolution du PIB en France

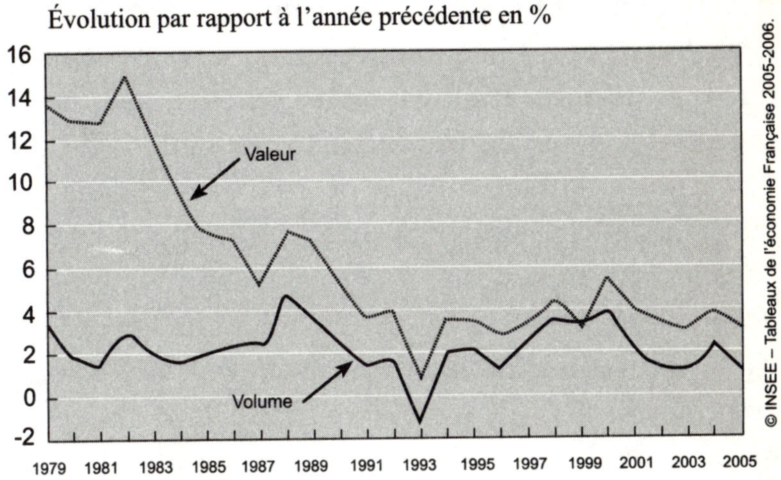

Si l'on prend la période encore plus longue de 1946 à 2002, le PIB a été multiplié par 9,5[2]… Et l'emploi ? Dans le même temps, la population active occupée[3] passait de

2. Source : *Imaginer une autre société : pour le capital ou pour l'homme*, document de synthèse réalisé par François Plassard mentionné dans le chapitre précédant et auquel nous continuerons à nous référer de temps à autre dans ce chapitre.

3. Quand on parle de la population active, on additionne les personnes qui ont un emploi et celles qui sont au chômage. La population active occupée ne répertorie que les personnes effectivement employées.

18,9 millions à 23,8, soit une augmentation de seulement 26 % et le chômage de 2 % à environ 10 %. On ne peut vraiment pas dire qu'il y ait proportionnalité. Comment une telle différence peut-elle s'expliquer ? Par l'augmentation de la productivité[4]. L'amélioration constante de l'outil de travail avec, à partir des années soixante-dix, le développement et la généralisation de l'informatique dans tous les secteurs d'activité, a rendu possible des gains de productivité considérables. Ils ont, à peu de chose près, suivi le même rythme que la croissance, annihilant ainsi ses effets sur l'emploi. Eh oui ! Si les gains de productivité permettent de produire 110 unités à l'heure au lieu de 100, et que dans le même temps la demande passe de 100 à 110, l'augmentation de la consommation n'a aucun effet sur l'emploi. Que serait-il advenu si la productivité ne s'était pas améliorée ? Nous serions encore en situation de plein emploi, sans doute même en profonde pénurie d'emplois, mais il faut dire que la production, dans ces conditions, n'aurait pas du tout évolué de la même manière.

Ne vous méprenez pas, nous ne sommes pas en train de plaider pour un « retour au bon vieux temps ».

L'amélioration de la productivité a sans doute des effets secondaires pervers mais nous ne pouvons nier qu'ils ont permis une grande amélioration des conditions de travail,

4; La productivité, c'est la quantité de production fabriquée par unité de temps.

en particulier dans les tâches répétitives, dangereuses, salissantes, physiquement fatigantes. Nous voulons juste attirer votre attention sur le fait qu'il faut que la croissance soit supérieure aux gains de productivité pour qu'elle ait un impact bénéfique sur l'emploi. Or, comme vous le constatez dans les chiffres cités plus haut, la croissance a maintenant bien du mal à se hisser au-dessus de 2 %, rythme auquel augmente aussi la productivité. C'est pourquoi les experts disent que l'emploi ne peut se développer qu'au-dessus de 3 % de croissance. Mais comment le pourrait-elle ? Car s'exprimer en pourcentage est une chose, en volume en est une autre. Si l'on prend l'indice 100 en 1946, une croissance de 3 % représentait alors en volume : 3. En 2002, la production de 100 est devenue 950, et donc 3 % sur 950 sont devenus 28,5 au lieu de 3 ! Or la population n'a augmenté que de 46 % sur la même période. À ce rythme on ne parle plus de consommation mais de gavage puisqu'elle a à consommer 950 au lieu de 100… Gavage aujourd'hui… et demain ?

Pur délire ! Car *si ce taux était maintenu* nous dit François Plassard, ***notre consommation serait multipliée par 19 durant un siècle****, multipliée par 370 durant 2 siècles et multipliée par 7100 durant 3 siècles. Inutile d'aller plus loin, l'absurdité de ces chiffres nous fait comprendre que, non seulement notre développement n'est pas durable, mais que notre modèle actuel n'est même pas exportable à l'ensemble des pays de la planète.*

Jean Vassileff dans *Partage contre la croissance*, nous propose un autre raisonnement que voici :

En 1967 il y avait en France 407 000 demandeurs d'emploi, ce qui représentait un taux de chômage de 2,1 %.

En 1999, c'était 3 059 000 personnes qui étaient inscrites au chômage, soit 11,7 %. Pour ramener 1999 à une situation de plein emploi comme en 1967[5]*, il aurait fallu abaisser le taux de chômage de 11,7 à 2,1 soit 9,6 %. Ainsi la population active aurait-elle été de 25.670.000 au lieu de 22.923.000 (population active réelle 22.923.000/(100-11,7 = 89,3 %) ce qui aurait représenté 2 464 000 chômeurs en moins (25.670.000 x 9,6 %).*

La croissance de la décennie 90/99 a été globalement de 18 % (1,8 % en moyenne annuelle) et la population active occupée au cours de la même décennie est passée de 22 146 000 à 22 923 000, soit une progression de 777 000 emplois. On peut en déduire que 1 % de croissance crée 43000 emplois (777 000/18). C'est donc 57,3 % de croissance (2 464 000/43 000) qu'il aurait fallu en 1999 pour ramener le chômage au taux de 2,1 %, comparable à celui de 1967 ! C'est évidemment irréaliste puisque 57,3 % correspondent à peu de chose près au taux de croissance que la France a connu en 32 ans, entre 1977 et 1999.

5. Une situation de plein emploi n'implique pas un chômage nul. Il y a toujours un volant « normal » de demandeurs d'emplois, suite à un licenciement ou à une fermeture d'établissement. Ce taux tourne autour de 2 %.

Avec 1,8 % de croissance, rendez-vous dans 30 ans, sans gain de productivité évidemment ! Ainsi, non seulement il faudrait une croissance irréaliste pour permettre une réduction du chômage, mais, en plus, nous avons vu dans le chapitre précédent que la croissance, au-delà d'un certain niveau, se fait au détriment de la qualité de vie, ce que la plupart d'entre nous peut vérifier au quotidien, jusqu'à ce qu'elle se fasse au détriment même de la vie, processus en cours.

Cela n'empêche pas nos druides, pour autant, de nous répéter sur tous les tons qu'hors croissance, il n'y a point de salut !

Avez-vous remarqué que la situation nous est toujours présentée comme si un véritable marché de l'emploi existait ? Le président Chirac, lors de son allocution télévisée au sujet du CPE (contrat première embauche), qui a porté le pays à ébullition, a précisé qu'il faisait de l'emploi « *sa priorité* ». Voilà 20 ans que l'on a successivement les mêmes personnes au pouvoir ; 20 ans qu'ils nous rebattent les oreilles avec la croissance ; 20 ans que les États investissent des budgets luxueux pour soutenir l'emploi… sans effet probant, même au travers des chiffres qu'ils s'attachent à rendre un peu plus flatteurs par manipulation (modification des critères de comptabilisation, ou transfert de certains demandeurs d'emploi vers la formation pour les faire sortir des statistiques[6]). Ou bien l'emploi n'a pas été « leur priorité » avant, ou bien les recettes économiques qu'ils ne cessent de répéter en modifiant juste l'apparence, ne fonctionnent pas. Alors le ton monte… car la tendance actuelle est de culpabiliser le chômeur et de mettre la pression sur lui pour qu'il retourne au travail. Enfin quoi, c'est inadmissible ! Ces personnes qui ne vivent que des aides sociales et qui ne retournent pas travailler ! Il faut les y inciter de façon plus musclée… C'est ce que l'on appelle la politique « d'activation de retour à l'emploi » ; politique dominante aux États-Unis et dans les pays anglo-saxons, politique que la France tarde à appliquer mais qui inspire de plus en plus les mesures d'incitation mises en œuvre. Anne Daguerre[7], dans l'édition du *Monde Diplomatique* du mois de juin 2005, a écrit à ce sujet un article fort intéressant. Elle dit :

6. Voici à titre d'exemple, une de ces manipulations subtiles. En 1995, les demandeurs d'emploi de catégorie 1 (seule catégorie de référence régulièrement annoncée) comprenaient les travailleurs à temps partiel travaillant plus de soixante-dix-huit heures par mois et recherchant un emploi à durée indéterminée. Une nouvelle catégorie fut créée pour les comptabiliser, permettant, du jour au lendemain, « d'effacer » à l'époque, 200 000 demandeurs d'emploi). Le problème, bien évidemment, n'est pas dans le bien fondé de tel ou tel classement, il est dans le fait qu'il permet politiquement de laisser croire à une amélioration de la situation. Les gouvernements, tant de gauche que de droite, ont eu recours à ce genre de stratagèmes pour justifier artificiellement de « l'efficacité » de leur politique.

7. Anne Daguerre est spécialiste des politiques publiques, chercheuse à l'université du Middlesex, Londres. L'article est disponible sur le site du *Monde Diplomatique* http://www.monde-diplomatique.fr/2005/06/DAGUERRE/12554

Les politiques dites « d'activation » visent à remettre les « exclus » au travail. Les mesures de workfare *reposent sur le principe de la carotte et du bâton. Côté carotte, les bénéficiaires de l'aide sociale se voient octroyer des incitations financières sous forme de crédit d'impôt en cas de retour sur le marché de l'emploi. Côté bâton, un système progressif de diminution puis de suppression des prestations sanctionne les récalcitrants refusant les emplois proposés. [...] Compte tenu des maigres résultats de ces programmes, on se demande ce qui peut justifier l'engouement des gouvernements pour les politiques d'activation. En fait, ayant renoncé à modifier le comportement d'embauche des entreprises, l'État cherche à transformer la psychologie des bénéficiaires de l'aide sociale en leur imposant d'être sans cesse plus adaptables aux demandes du marché du travail. L'idéologie de l'« employabilité » au cœur de ces programmes rend ainsi les chômeurs responsables de leur propre sort. Désormais, ce ne sont plus les gouvernants ou les entreprises qui sont à blâmer, mais bien les exclus eux-mêmes.*

Belle pirouette ; plutôt que d'admettre que le système est incapable de donner de l'emploi en suffisance, par simple inadéquation avec les défis de notre temps et de faire en sorte de le faire évoluer, on fait peser le poids de la situation sur les épaules de ceux-là mêmes qui en souffrent, pour les convaincre que ce sont eux qui doivent s'adapter. Vous remarquerez que les actions entreprises visent toujours une catégorie spécifique de demandeurs d'emploi : les chômeurs de longue durée, les jeunes de moins de 25 ans, les personnes de plus de 50 ans. Loin de résoudre le problème, ces mesures ne font que le déplacer. Lorsque l'État rend plus attractif l'emploi de telle ou telle population par le moyen d'avantages fiscaux, de subventions, de facilités en tous genres, c'est cette population-là, bien sûr, qui va en bénéficier… mais au détriment des autres. C'est Pierre que l'on embauche, parce qu'il relève de cette population et pas Paul.

Or tout est fait comme s'il y avait de la place et pour Pierre et pour Paul. Est-il si difficile de comprendre que s'il y a 110 demandeurs pour 100 postes, quelle que soit la mesure, il restera toujours 10 personnes sur le carreau ? Ce raisonnement est sans doute trop simpliste pour nos grosses têtes qui préfèrent continuer à étudier la façon de faire rentrer un grand pied dans une petite chaussure. Pour elles, c'est le pied qui doit s'adapter, pas question de changer la chaussure ! Ce faisant, non seulement l'emploi ne s'améliore pas en quantité mais il se détériore aussi en qualité. Car les entreprises ont tout intérêt à remplacer dans le temps certains personnels qui bénéficiaient d'un emploi à part entière, par des personnes qui entrent dans le champ de contrats aidés. C'est ainsi que la situation ne cesse de se dégrader pour les emplois les moins qualifiés.

Alors, pourquoi continuer à brandir la potion magique de la croissance puisque nos politiques et « l'élite économico-financière » sont composées de personnes loin d'être des imbéciles, encore moins mal informées. Tout ce que nous disons là, elles le savent parfaitement. Ou bien elles restent attachées, par conditionnement culturel, à une théorie économique... c'est probable pour certains; ou bien c'est la « muleta » qu'on agite sous le nez du taureau pour attirer son attention ailleurs...

Là réside la vraie raison selon nous : utiliser le prétexte de l'emploi pour justifier le discours sur la croissance, permet de masquer très démagogiquement une réalité qui n'aurait sans doute pas le même impact sur l'opinion publique.

■ UNE RAISON INAVOUABLE

Revenons à l'argent. Eh oui ! Encore lui !... Mais comment pourrait-il en être autrement puisque tout, en économie, est ramené à lui. Vous vous rappelez que l'argent moderne est « créé *ex nihilo* » à partir des crédits accordés par les banques commerciales. La masse monétaire qui permet, chaque jour, à la communauté humaine de produire et d'échanger ses biens et ses richesses, est la différence entre l'argent créé à l'occasion des crédits consentis aux particuliers, aux entreprises, aux collectivités locales et aux États [8], et l'argent remboursé selon les termes fixés au moment de l'emprunt. Si vous avez déjà emprunté ou si vous avez un crédit en cours, ce qui est probable, vous aurez évidemment remarqué que vous devez rembourser plus que le montant qui vous a été prêté. La différence ? C'est l'intérêt. Donc les banques créent « 100 », par exemple, mais attendent 150 en retour, selon la durée et le taux consentis. D'où vont bien pouvoir provenir ces 50, puisque personne d'autre, outre les banques, ont pouvoir de créer la monnaie ? Vous figurez-vous la chose ? Nous sommes là face à un problème de robinet qui coule et de bouchon qui fuit… Vous vous rappelez ? Ce qui vous a donné des cauchemars dans vos tendres années à l'école. Imaginez que votre bassin soit plein d'eau ; le robinet coule à « 100 » et votre bouchon fuit à 100. Le niveau d'eau reste stable, puisqu'il entre autant qu'il sort. Mais dans notre monde, on demande 150 de fuite quand on ne fait entrer que 100. Dans ces conditions, le bassin devrait se vider. Si le monde entier remboursait ses dettes en cet instant, non seulement il n'y aurait plus un sou vaillant sur cette terre, mais on resterait encore en dette à l'égard des banques puisqu'elles réclament plus d'argent

---

8. Pour donner un ordre d'idée, en avril 2004, en France, la dette des particuliers s'élevait à 611,6 G€, celle des entreprises à 1114,1 G€ et celle de l'État à 998,1 G€ (source : bulletin n° 23 de l'Association pour les droits économiques et démocratiques – ADED – http ://assoc.organge.fr/aded/ déjà citée dans le chapitre 4).

qu'elles n'en ont créé, par le biais de l'intérêt. Mais comme nous sommes dans une logique de flux, à l'image de l'eau qui coule et qui fuit, les choses n'apparaissent pas aussi clairement. Pour éviter que le bassin ne se vide, il suffit d'ajuster le débit entrant au débit sortant. C'est cela la justification de la croissance. Tous les ans, il faut « créer » plus d'argent pour permettre aux emprunteurs de payer leurs échéances, capital, plus intérêt. La croissance, c'est inciter les gens à consommer toujours plus pour soutenir la production génératrice de pouvoir d'achat. Plus de consommation et de production se traduisent par plus de demandes de crédit, donc plus d'argent créé. Et s'il n'y avait plus de croissance ? L'argent se raréfierait, les gens devraient taper dans leurs réserves, donc s'appauvriraient… consommeraient moins. La production s'en ressentirait et on licencierait, ce qui générerait encore plus d'appauvrissement… Faillites… Misère… Crise majeure… Implosion du système.

Alors, nous voilà pris au piège. Soit nous soutenons la croissance, mais cela revient à voyager sur une bombe à retardement, car la logique de croissance infinie qu'impose l'économie, dans un monde « fini », est une aberration mentale, soit nous sortons de la logique de croissance et là, c'est la récession qui nous attend au tournant. Entre deux maux, il faut choisir le moindre, notre « élite » préfère soutenir la croissance, car les effets négatifs restent encore supportables et la menace grave ne se profile qu'à un horizon indéfini, alors que la récession et ses effets dévastateurs seraient immédiats. Et puis, n'oublions pas que le « profit » à court terme[9] qui découle de cette logique, bénéficie considérablement à cette élite, puisqu'elle lui doit sa position. Les avantages sont tels que pour le moment encore, ils la rendent sourde et aveugle[10].

Alors, soit ! Inutile de compter sur la croissance pour recréer des conditions d'emploi décentes pour tous. Il n'en reste pas moins que si la croissance n'est plus là, ne seraitce que pour compenser les gains de productivité, l'emploi ne peut qu'en pâtir. Quelle alternative nous reste-t-il pour sortir du piège de la croissance ?

---

9. Dans un article paru dans *20 minutes*, édition du 19.06.06, Édouard Tétreau (analyste financier, directeur du cabinet de conseil Mediafin et auteur de *Analyste, au cœur de la folie financière*, chez Grasset) précisait ceci : *En 2005, Les entreprises du CAC 40, l'indice phare de la Bourse de Paris, ont généré 84 milliards d'euros de bénéfices, un record. Elles en ont reversé 30 milliards aux actionnaires, soit 40 % de plus sur un an !*

10. Dans son livre *Libérer l'argent de l'inflation et des taux* d'intérêt paru aux éditions Soleil, l'économiste allemande Margrit Kennedy, explique d'une part, que nous payons tous des intérêts dans le prix des choses (en moyenne, 40 % des prix hors taxe), même lorsque nous n'avons pas de crédit, puisque les entreprises incluent nécessairement leurs charges financières dans leurs prix. D'autre part, elle a réalisé une étude sur la population allemande, qu'elle a divisée en 10 tranches de revenus, des plus démunis aux plus nantis. Le solde, entre le coût de l'intérêt et le rapport de l'intérêt, est négatif pour les 8 premières tranches, il s'équilibre pour la neuvième et il ne devient positif qu'à la dixième tranche, celle des plus nantis, et d'autant plus positif que la fortune est grande. Après cela, allez vous demander pourquoi la croissance est si populaire pour notre élite.

■ LA RÉDUCTION DU TEMPS DE TRAVAIL ?

Il est certain que c'est une réponse à ne pas négliger, mais elle n'est pas, à elle seule, la panacée. François Plassard, d'une part, dans son rapport *Imaginer une autre société : pour le capital ou pour l'homme* et Jean Vassileff d'autre part, dans « le partage contre la croissance », déjà cités, éclairent bien le sujet. De 1946 à 2002, la durée moyenne du temps de travail est passée de 2100 heures annuelles à 1510 heures. Toutefois les expériences faites en France en 1982 (39 heures) et le passage tout récent aux 35 heures, démontrent qu'il n'y a pas proportionnalité entre la baisse du temps de travail et le nombre d'emplois créés. En fait, toute diminution du temps de travail s'accompagne d'une amélioration de la productivité, ce qui réduit d'autant son efficacité. Le Conseil économique et social retient les chiffres suivant : un salarié à 50 % produit comme 0,64 salarié, à 60 % il produit comme 0,77 salarié et à 70 % il produit comme 0,87 salarié. *À partir des données de création d'emplois, suite au passage aux 39 heures* » précise François Plassard, « *on peut extrapoler les chiffres ci-dessous en indiquant :*

– un salarié à 80 % produit comme 0,92 salarié ;

– un salarié à 90 % (passage aux 35 h) produit comme 0,96 salarié ;

– un salarié à 97,5 % (passage aux 39 h) produit comme 0,998 salarié.

En fait, plus la réduction du temps de travail est forte, plus elle génère de gains de productivité, et donc moins elle laisse de place pour des créations d'emplois. Si l'on souhaitait revenir au plein emploi, il faudrait créer, environ, 5 à 6 millions d'emplois[11]*, ce qui, avec comme seul levier la réduction du temps de travail et compte tenu des gains de productivité cités ci-dessus, nécessiterait que chaque salarié travaille en moyenne à 60 %, voire à mi-temps*[12]. Ce ne sont donc pas les « mesurettes » inefficaces et impopulaires régulièrement prises qui risquent de régler la question. Ce qu'il faudrait ? C'est beaucoup d'imagination et la conscience qu'il est impératif d'œuvrer pour un nouveau modèle de société.

---

11. En 1997, le rapport Guaino, ancien commissaire au plan, chiffrait à 7 millions le nombre de personnes touchées par le chômage. En plus des bénéficiaires des ASSEDIC, le nombre des allocataires de minima sociaux n'a cessé d'augmenter. Il y a les chômeurs non inscrits, parce que découragés, ceux qui bénéficient d'un dispositif de formation ; bref tout cela représente une population au moins équivalente au chiffre officiel des demandeurs d'emplois, à laquelle il faudrait encore rajouter ceux qui sont à temps partiel subi…

12. Le document de synthèse de F. Plassard, a servi à l'élaboration du projet de loi sur le temps choisi : « Projet de loi cadre temps et citoyenneté ». Ce projet visait à inciter des salariés du privé mais aussi des gens de la fonction publique à passer en mi-temps afin de pouvoir consacrer l'autre mi-temps à la mise en œuvre d'activités choisies. Le poste ainsi libéré devait être compensé à équivalence par l'employeur. Le mi-temps choisi aurait été financé par l'économie réalisée par l'ANPE ayant un chômeur en moins à mi-temps, Le texte de loi proposé a été accepté le 29 octobre 2001 par le groupe de travail du projet de loi cadre proposé par Guy Hascoet, secrétaire d'État à l'économie solidaire. Le Projet a été discuté et accepté par le Comité national consultatif de l'économie sociale installé par Elisabeth Guigou, ministre de l'Emploi et de la Solidarité le 11 septembre 2001… Puis est resté à l'état de projet.

Pour en savoir plus sur le temps choisi, nous vous recommandons le livre *Le temps choisi : un nouvel art de vivre, pour partager le travail autrement,* par François Plassard, aux Éditions Charles Mayer FPH.

■ REDÉFINIR L'EMPLOI – OU DE LA CROISSANCE MORTIFÈRE À LA CROISSANCE VIVIFIANTE

Le contenu de l'emploi est directement lié au sens du « profit ». Aussi la redéfinition de l'un entraîne la redéfinition de l'autre. Le profit, est pour l'heure, confondu avec la marge entrepreneuriale. Car les salaires, c'est-à-dire la représentation du travail sans lequel aucune richesse ne serait produite, s'inscrivent au débit… en charge. De même en est-il du prix des matières premières, c'est à dire, de la représentation des richesses que nous offre la nature, sans lesquelles aucune vie n'existerait. Voyez la contradiction : d'un côté, tout le monde s'accorde a vouloir redonner la priorité à l'être humain et au respect de la planète et, de l'autre, les règles du jeu imposent de les négliger. Car tout bon gestionnaire a à cœur de contenir les charges au maximum pour dégager le plus gros « profit » possible. Comment voulez-vous que, dans ces conditions, l'Homme et la Nature soient considérés ? L'intention y est-elle ? On peut en douter… mais même si tel est le cas, nous sommes ficelés dans nos règles du jeu et contraints d'agir à l'opposé.

Que le profit ait été défini de cette façon à l'époque est compréhensible. Nous sommes alors à l'aube de l'ère industrielle ; la mentalité n'accorde pas grand prix, ni au bien-être du peuple, ni au travail. Le sort de l'ouvrier, au XIXe siècle, est à peine plus doux que celui de l'esclave. L'économiste anglais Ricardo ne recommandait-il pas de payer les ouvriers juste assez pour qu'ils puissent se nourrir ? Car, disait-il, *les morts ne produisent pas* ! Parallèlement à cela, les réserves naturelles sont intactes, toute forme de pollution absente, la production balbutiante commence tout juste à s'organiser. Quels étaient donc les intérêts que l'économie devait prendre en compte ? Simplement ceux des entrepreneurs qui investissaient dans le commerce et l'industrie – pas par charité d'âme, mais pour s'enrichir… – et ceux de l'État qui voulait sa part de gâteau.

Pour le reste, aucune préoccupation éthique, humaniste ou écologique. C'était ainsi, rien de choquant pour l'époque, de sorte qu'il y avait cohérence entre la définition donnée au profit et l'objectif recherché. Mais deux cents ans ont passé. Le défi humain est tout autre à l'aube, cette fois, du XXIe siècle, et la règle du jeu, inchangée, est devenue suicidaire. Selon nous, l'humanité devra se forger une nouvelle conception de la richesse, si elle veut connaître l'avenir. Tant que « l'économie réelle » ne sera qu'un prétexte à « faire » du financier, tant que le profit ne considérera pas le travail et les produits de la nature comme richesse essentielle, tant que l'argent sera une fin et non un moyen, la vie se résumera à une gestion de crises permanentes… jusqu'à ce que l'élastique, à force d'être trop tendu, casse.

Pour le moment, seul compte l'emploi rémunéré, celui qui est productif au sens économique du terme. *Le travail gratuit ou bénévole n'est pas productif* dit Denis Clerc[13], *le travail payé l'est, même s'il n'aboutit à fournir que des biens ou des services inutiles ou nocifs.* Dans ce monde, où les limites du possible sont repoussées tous les jours, ne devient-il pas urgent d'élargir le champ des activités qui permettent de « gagner sa vie » ? Est-ce que cela ne relève pas du plus élémentaire bon sens ? Car vous observerez que l'on ne peut pas parler de crise de l'emploi dès lors qu'on a, d'un côté, des millions de personnes qui ne demandent qu'à travailler, et de l'autre, une infinité de besoins à satisfaire. Il y aurait crise s'il y avait des besoins mais pas de main d'œuvre, ou s'il y avait chômage et pas de besoins.

Si la croissance est une absurdité suicidaire dès lors qu'elle s'appuie sur une production infinie de biens « matériels », inutiles pour certains, nocifs pour d'autres et consommateurs de ressources naturelles non renouvelables pour beaucoup, une Croissance fondée sur le Service à la Personne et à la Nature ouvrirait des horizons bien plus vastes. Vous remarquerez que nous utilisons des majuscules pour cette Croissance-là. Car il ne s'agit pas de « marchandiser » des services existants comme le souhaite l'OMC (Organisation mondiale du commerce). Ce qu'elle convoite, c'est récupérer, dans le domaine privé des services prometteurs de grands profits, services assurés en grande partie pour le

13. *Déchiffrer l'économie*, Éditions Syros.

moment encore, par les États et les collectivités locales : formation, santé, etc.

Non, nous parlons de services exclusivement centrés sur l'amélioration de la qualité de la vie, qui favorisent et l'épanouissement de la personne humaine, dans toutes ses dimensions, et l'épanouissement de la vie sur la Terre. Chantier immense auquel travaillent déjà des millions de personnes, le plus souvent à titre purement bénévole (donc ne comptant pour rien dans le PIB). Mais il faudrait aller encore beaucoup plus loin et valoriser ce « profit » en accordant un salaire à part entière à toutes celles et ceux qui y participeraient ; sans oublier l'activité parentale, essentielle à toute société, car l'attitude de l'adulte dépend beaucoup de ce qu'il a vécu enfant.

Ainsi, plutôt que de persister à vouloir dynamiser, en pure perte, une forme d'emploi dont on a de moins en moins besoin, plutôt que de consacrer des sommes importantes à l'aide à la création d'entreprises, dont l'existence intensifie le climat de concurrence déjà féroce sur un marché saturé [14], c'est élargir le champ de l'emploi à des services nécessaires,

14. Il est à noter que l'argent public permet de donner aux entreprises nouvellement créées toutes sortes d'avantages dont la conséquence est de les rendre plus compétitives que leurs aînées. Ainsi on paie deux fois : une fois pour soutenir les entreprises nouvelles dans leurs premières années, une autre fois pour payer le chômage créé dans les entreprises fragilisées par la venue des nouvelles.

valorisants et épanouissants qui, non seulement régleraient la question du chômage mondial, car ce genre de service ne peut être concurrencé par la machine, mais tirerait le monde économique vers une production bienfaisante, « sociétale », pour utiliser un terme plus spécifique [15] !

■ UNE UTOPIE ?

Nous imaginons plus d'un sourcil se froncer à la lecture de ces lignes. Impossible pensez-vous, car « ça coûterait trop cher » ? Un petit retour à ce chapitre pourrait-il être de bon aloi ? Sans revenir abondamment sur le sujet, puisque nous l'avons déjà traité, nous pensons qu'une formidable avancée dans ce sens pourrait être initiée, uniquement en réorientant les budgets existants.

On pourrait tout simplement transformer en salaires les sommes actuellement utilisées à indemniser les chômeurs, à soutenir la création d'entreprises, à verser les

15. Le terme « sociétal » caractérise toute pensée ou action qui place en premier le respect des droits de l'Homme et de l'environnement, par la réappropriation de la création monétaire par la collectivité, la gestion planétaire des biens communs non renouvelables ou nécessaires à la vie, la répartition des enrichissements collectifs nationaux sous forme de dividendes distribués équitablement à chaque citoyen, la démocratie participative locale et régionale dans un cadre de subsidiarité. La finalité étant de redonner à l'homme la souveraineté de son destin, souveraineté pour le moment confisquée par l'économique et le financier. Pour en savoir plus, nous vous recommandons le livre de André-Jacques Holbecq paru aux éditions Yves Michel, *Une alternative de société : l'écosociétalisme* ou http://tiki.societal.org/

minima sociaux, sans oublier les allocations familiales, si l'on s'oriente vers une rémunération du parent au foyer. Parallèlement, ce serait de nouvelles rentrées fiscales, des cotisations pour la sécurité sociale et les caisses de retraire. Mais il n'y a pas que les effets directs, on économiserait aussi tous les coûts sociaux (dits coûts cachés) actuellement supportés par la société, consécutifs au chômage : le surendettement, le stress, la dépression, la maladie, la délinquance, la perte de lien social, la violence, la drogue, le suicide… François Plassard précise dans le rapport déjà cité qu'une étude canadienne [16] donne une fourchette large, pour les seuls coûts économiques, donc sans les coûts secondaires induits, comprise entre 5 et 12 % du PIB (le chômage s'élevait à l'époque à 10,4 % de la population active). Il ajoute : ***Jacques Nikonoff*** [17] ***évalue le coût global du chômage à 13,4 % du PIB****. Qu'on puisse contester ce montant* [18], *c'est dans l'ordre des choses, mais il est évident que les pouvoirs publics n'ont pas engagé d'études sérieuses pour confirmer ou infirmer ce chiffre, ou serait-ce qu'effectivement les chiffres font peur ? Ce que l'on peut dire avec certitude, c'est qu'une économie de plein emploi permettrait à la société de faire des économies non négligeables dans un certain nombre de domaines.*

---

16. Marcel Bédard, *Les coûts économiques et sociaux du chômage,* juin 1996.
17. Jacques Nikonoff, *Des chiffres sur le coût du chômage qui font peur,* 3 mars 1998.
18. À noter, toutefois, que Jacques Marseille, professeur d'Histoire économique et sociale à la Sorbonne, rejoint l'estimation de Nikinoff de 13,4 du PIB, quand les études réalisée par l'association ATTAC parlent de 16 % !…

Dans un deuxième temps, une récupération du pouvoir de création monétaire par l'État rendrait ces comptes d'apothicaires inutiles. Nous n'en disons pas plus car nous nous sommes déjà largement étendus sur le sujet.

■ L'UTOPIE N'EST PAS CELLE QUE L'ON CROIT

Manifestement, on nous raconte des histoires. Car si on le voulait vraiment, on pourrait revenir à une situation de plein emploi dans un système de production respectueux de l'Homme et de la Planète. Mais les choses nous sont le plus souvent présentées comme si les « lois économiques » s'imposaient à l'humanité comme la pesanteur ; comme si nous avions affaire à un phénomène naturel incontrôlable contre lequel on tentait l'impossible. L'emploi une priorité ? Peut-être, mais à condition de ne rien toucher au système. Les quelques directives de l'OCDE, du FMI et de la Banque mondiale que voici ne sont-elles pas édifiantes ?

Pour obtenir un ajustement donné des salaires, il faudra un niveau plus élevé du chômage conjoncturel. (Étude de l'OCDE sur l'emploi, Paris, juin 1994)

L'empressement des travailleurs à accepter des emplois faiblement rémunérés dépend en partie de la générosité relative des prestations de chômage. Il y a lieu, dans tous les pays, de raccourcir la durée des droits lorsqu'elle est trop longue ou de rendre les conditions d'admission plus strictes. (Banque mondiale, *World Department report, workers in an integrating world,* Oxford university press, 1995)

Il ne faut pas que les gouvernements européens laissent les craintes, suscitées par les retombées de leur action sur la répartition des revenus, les empêcher de se lancer avec audace dans une réforme de fond des marchés du travail. L'assouplissement de ceux-ci passe par la refonte de l'assurance-chômage, du salaire minimum légal et des dispositions qui protègent l'emploi. (Bulletin du FMI, 23 mai 1994).

Non, l'utopie ne réside pas dans la capacité à résoudre les problèmes de notre temps ; elle est dans la croyance que l'élite politico-économico-financière a la réelle intention de changer quelque chose. Ou, pour être plus exacts, consciente des enjeux, elle plaide pour « le changement », mais d'une nature différente de celui auquel aspire le citoyen de monde. Elle veut résoudre les problèmes en faisant plier l'humanité pour maintenir intact un système qui lui garantit ses privilèges, alors que « l'homme ordinaire » veut un système qui lui permette de vivre pleinement sa destinée d'homme. Sommes-nous à l'aube d'une nouvelle révolution ? Sans doute, mais souhaitons que nous ayons assez mûri et tiré les leçons de l'histoire pour qu'elle soit pacifique, et que les choses évoluent tout simplement par la simple force de la vision d'un monde réconcilié, car tout être humain, profondément, y aspire. Ainsi, que chaque citoyen que nous sommes devienne force de proposition, assez déterminée pour être transformante, assez inspirée pour être fédératrice, assez ouverte pour être accueillante.

MENSONGE N° 7

Baisser les prix, c'est défendre le pouvoir d'achat

Plus les communicants de la grande distribution s'échinent à nous faire croire que notre pouvoir d'achat augmente, plus les prix flambent à la caisse des hypers et des supermarchés. L'indice des prix dans la grande distribution, que vient de publier l'Insee, révèle une véritable flambée sur la période 1998-2004. Tous les produits sont touchés : viandes (+ 15,4 %), boissons (+ 7,5 %), autres produits alimentaires (+12,6 %), entretien, hygiène et beauté (+ 17,7 %). Et ce ne sont là que des moyennes ! Comble d'ironie, les prix progressent plus vite dans la grande distribution (+ 13,7 %) que dans les autres commerces (+ 10,4 %). Et ce n'est pas fini[1].

Le ton est donné ! Extraordinaire jeu de double langage. Nous voilà de nouveau en pleine propagande dont le but est d'investir les esprits pour leur faire croire ce que, pourtant, la réalité ne traduit pas : de même que les lessives n'ont pas cessé de rendre le linge plus blanc, comme Coluche le rappelait avec tant d'humour, de même ne cesse-t-on de nous proposer du « toujours moins cher »... alors que, chaque année, les statistiques officielles enregistrent une augmentation régulière des prix, certes, modique mais augmentation quand même ! Mais c'est un phénomène bien connu en sciences humaines ; c'est la croyance qui compte, de sorte que l'on voit ce qu'on l'on croit, alors que l'on pense croire ce que l'on voit. Voilà donc trente ans que ce couplet nous est chanté sur tous les tons, en particulier par la grande distribution qui en a fait son hymne, hymne repris en choeur par la chorale du commerce en général.

Dans cette lutte contre « la vie chère », on ne peut pas passer sous silence l'un de ses premiers combattants, Monsieur Édouard Leclerc. Rendons-lui hommage, car ce

1. La plupart des informations données dans ce chapitre sont tirées du n°400 de *Marianne*, semaine du 18 au 24 décembre 2004, et de l'enquête réalisée par Michel Ebran, avec Aline Ladefroux et les associations locales de l'Union fédérale des consommateurs pour le mensuel *Que Choisir* n° 422 de janvier 2005.

combat, qu'il a initié, était inspiré par une intention des plus nobles. Nous sommes en 1948, à une époque où l'on est encore en pleines restrictions, à une époque encore très ancrée dans la lutte des classes, différenciées par leurs consommations pour la bonne raison que bien des produits n'étaient pas accessibles à la bourse de l'ouvrier ou du petit employé. Ce bourgeois breton était choqué par l'élitisme de la consommation. Il voulut la démocratiser. C'est cette vision qu'il incarna en ouvrant sa première « grande surface » dans un hangar de Landerneau. Oh ! Rien à voir avec les temples de la consommation actuels. Là, pas de galerie marchandes, pas de décorum. Tout y était fait pour réduire les frais au maximum, afin d'offrir au chaland le meilleur prix possible. Une réussite est toujours copiée; mais c'est la réussite qui fascine, pas nécessairement l'intention. Et, dans le groupe qui porte encore son nom, mais ceci est valable pour l'ensemble de la grande distribution, on peut se demander ce qu'il reste de noblesse et d'inspiration humaniste. Le discours reste fort et séduisant, mais quelle vision profonde et réelle l'inspire-t-il encore ?

Dans tous les cas, la consommation n'a cessé de se développer pendant les « Trente Glorieuses »; elle s'est très largement démocratisée et l'impact du prix est devenu psychologiquement encore plus grand lorsque les besoins des ménages ont été largement pourvus. Au milieu des années soixante-dix, dans tous les pays industrialisés, la production a dépassé la demande de sorte que le commerce a dû revoir sa copie pour parvenir à susciter chez les gens des besoins qu'ils n'avaient pas. Le combat contre la vie chère, pour contrecarrer les effets des restrictions et l'élitisme social, s'est transformé en combat commercial, entre le petit commerce et la grande distribution d'une part, entre les enseignes leaders d'autre part, combat visant en premier à occuper le territoire et s'accaparer les parts de marché. Car dans ce contexte, l'objectif est de trouver le moyen d'ouvrir de nouveau l'appétit des gens quand ils n'ont plus faim. Comment séduire un client qui n'est plus dans l'humeur d'acheter ? Que mettre en avant quand les produits, sous l'effet de la mondialisation, sont standardisés et se retrouvent partout ? *Quand on veut attirer les mouches, on leur donne du miel* dit-on. Et pour les êtres humains ? On leur donne le sentiment de faire une affaire ; car s'il est facile de prendre les gens par les sentiments, plus facile encore est de les prendre par le portefeuille. Ainsi « Le Prix » est-il devenu l'argument phare du commerce moderne. Peu importe sa « vérité », ce qui compte c'est le travestir en sirène pour qu'on ne puisse résister à son appel. Alors, bouchons-nous les oreilles quelques instants pour ne plus succomber au charme de son chant et regardons ce qu'il y a de vrai dans cette affirmation qui veut que baisser les prix, c'est défendre le pouvoir d'achat.

■ IL Y A LA THÉORIE… OUI, MAIS…

Prenons un exemple que vous pouvez vérifier facilement. Imaginons que vous preniez votre voiture pour aller travailler tous les jours et que vos trajets vous coûtent 200 euros par mois en carburant, lorsque celui-ci est à 1 euro le litre. S'il passe à 1,30, voilà 60 € supplémentaires que vous devez dépenser ; s'il descend à 0,80 €, vous économisez 40 €. Il semble donc évident que toute augmentation de prix ampute votre pouvoir d'achat, car les 60 € dont nous venons de parler, sont perdus à jamais, soit en épargne, soit pour acquérir autre chose. De la même façon, dès que vous parvenez à réduire une dépense, parce que le prix baisse chez le commerçant, ou parce que vous changez votre mode de vie – en prenant un appartement moins coûteux par exemple – c'est autant de pouvoir d'achat gagné, à revenu équivalent, bien entendu.

Il semble donc évident que le slogan favori de la grande distribution dise vrai. Si à panier équivalent vous dépensez 100 à un endroit et 90 à un autre, vous voilà plus riche de 10 ; votre pouvoir d'achat s'est amélioré d'autant. C'est vrai, sur le plan individuel, mais c'est faire un peu vite l'impasse sur le collectif qui, ne l'oublions pas, a une influence indirecte sur le particulier de sorte qu'en croyant faire une bonne affaire on en fait une mauvaise. Une histoire d'arroseur arrosé en quelque sorte… gag qui semble très recherché dans le fonctionnement de nos sociétés. Enfin, quand ce sont les autres qui prennent l'eau… Alors, regardons un peu plus loin que le bout de notre nez :

Vous rappelez-vous l'histoire que nous avons intitulée « promenade d'un billet » dans le 3e chapitre ? Nous faisions apparaître une chose qui est systématiquement oubliée : ce sont les dépenses des uns qui font les revenus des autres. Un peu plus loin, dans ce même chapitre, nous vous proposions un peu d'économie-fiction et, dans l'énoncé des hypothèses, nous soulignions qu'un prix est constitué exclusivement de salaires et de marges emboîtés comme des poupées russes.

Alors, imaginez maintenant la situation suivante : vous êtes commerçant, propriétaire de votre établissement ; vous réalisez un chiffre d'affaires de « 100 » avec une marge nette de 10. Soit, poussé par un élan de générosité à l'égard des plus démunis, ou par un concurrent qui vend les mêmes choses que vous mais moins cher, vous décidez de réduire vos prix de 10. Et voilà votre marge nette disparue. Bon, pas de quoi s'affoler, car vous êtes salarié de votre entreprise. Vous n'êtes donc pas à la rue et vous pouvez faire face à tous vos engagements. Mais vous répartissiez cette marge entre vous et les fonds propres de l'entreprise. C'était une cerise sur le gâteau que vous appréciiez bien ; c'était aussi une sécurité pour l'avenir de l'entreprise. Votre pouvoir d'achat personnel et celui de l'entreprise ont été amputés.

Mais voici que les choses s'aggravent. La concurrence est féroce et trouve le moyen de proposer des prix plus attrayants que les vôtres. Vous voilà coincé ! C'est s'aligner ou regarder votre clientèle s'évaporer. Seulement, cette fois, une diminution des prix risque de vous conduire tout droit à la faillite car vous n'avez plus de marge de manœuvre. Il faut impérativement réduire vos dépenses. Et, comme tout bon gestionnaire ferait, vous passez votre affaire au peigne fin. Cela se traduit peut-être par un investissement technologique qui permet de supprimer 2 ou 3 emplois, ou par une pression sur certains fournisseurs où vous êtes en position de force pour obtenir de meilleurs prix, ou externaliser certaines tâches pour mieux en maîtriser le coût[2]. Bref, les petits cours d'eau formant les grandes rivières, ce sont les mesures que vous prenez, mises bout à bout, qui vous

2. On appelle externaliser le transfert d'une production ou d'un service qu'assumait en interne l'entreprise chez un sous-traitant. Cette pratique, très à la mode, permet de mieux gérer les coûts de l'entreprise. En effet, il est toujours difficile de chiffrer exactement le coût d'une production ou d'un service en interne. Il y a en effet toutes sortes d'aléas qui font que la réalité des coûts puisse être différente de la prévision : la productivité peut être variable en raison de l'absentéisme, il y a les phénomènes de saisonnalité qui font que, parfois, on a en charge fixe du matériel et du personnel avec une production insuffisante, il y a les pannes possibles, les contraintes sociales, l'évolution des salaires sous l'effet de l'ancienneté etc. En externalisant, on traite un prix fixe avec un sous-traitant ; à lui de se débrouiller avec les aléas.

permettent de sauver la situation. C'est gagné ! Votre bateau flotte toujours mais, en réduisant vos dépenses, ce sont les revenus des autres qui ont diminué d'autant. Votre salaire est sauvegardé, celui des collaborateurs qui ont sauvé leur poste aussi ; vous avez même réussi à reconstituer une marge assez confortable pour renouer avec le profit. Nul doute que la réduction des prix que vous avez obtenue a, non seulement sauvegardé, mais aussi amélioré votre pouvoir d'achat. Nul doute aussi que tous ceux qui ont perdu leur travail, tous ceux qui ont dû baisser leurs prix, ont perdu du pouvoir d'achat.

C'est ainsi qu'allant faire vos courses chez l'un de ces seigneurs de la consommation, pour faire « des économies », grâce à la guerre qu'il mène contre les méchants prix chers, que vous vous retrouverez licencié de votre entreprise, un jour peut-être, parce qu'elle est fournisseur de ce seigneur et qu'elle doit baisser ses prix !

C'est ainsi également que la part que représente la rémunération du travail dans les prix a diminué de 10 % en dix ans. Car la recherche de l'amélioration de la compétitivité est incessante. Dans la réalité, elle n'est pas une réponse ponctuelle à une situation exceptionnelle ; elle est essentielle à la survie de l'entreprise dont les actionnaires attendent par ailleurs la plus haute rémunération possible !

Pour donner du pouvoir d'achat à certains, il faut le prendre à d'autres. Tout prix n'étant qu'un emboîtage de salaires et de marges, lorsqu'un prix baisse, cela ne peut que se traduire par une baisse de salaire et de marge quelque part. Un prix qui baisse, c'est globalement de la richesse en moins.

Mais la doctrine libérale ne voit que le profit à court terme de l'individu. Le collectif n'est pour elle que la somme des particuliers, de sorte qu'elle est fondée sur la croyance qu'en favorisant l'intérêt privé, elle favorise par retombée l'intérêt général. Hypnotisée qu'elle est par la recherche du profit maximum à court terme, elle ne perçoit pas qu'en fin de compte, l'individu, dont elle prétend vouloir favoriser les intérêts, perd plus qu'il ne gagne, parce que le gain qu'il réalise en pouvoir d'achat à la caisse, se paye plus tard, globalement, en qualité de vie.

Des prix qui baissent, ce sont non seulement des salaires et des marges qui diminuent quelque part, mais des recettes fiscales qui s'amenuisent – ce qui vient soit alourdir la dette, soit amputer les services publics – c'est du chômage, de la marginalisation, de l'exclusion – qui rompt le lien familial et social –, c'est de la maladie, de la délinquance, de la violence, de la pollution, faute de mettre les moyens qu'ils faudrait pour rendre les productions écologiquement compatibles. Peu importe ! Ces coûts-là ne sont pas dans les prix, ce sont des coûts cachés reportés sur la collectivité [3].

Alors nous révisons ce que nous avons dit plus haut. La théorie ne se vérifie même pas sur le plan individuel, car l'avantage immédiat apparent du meilleur marché se repaie au centuple, plus tard, et pas seulement en argent. Ce qui sauve encore les apparences, c'est que la facture de retour n'est pas nécessairement payée par celui qui a tiré avantage immédiat. Alors, tant qu'on reste dans l'impression qu'on passe entre les gouttes et que ce sont les autres qui se font arroser... Et puis, comme pour le moment, succès et richesse sont uniquement associés à « profit financier individuel maximum », le miroir aux alouettes du « pas cher » brille de mille feux et attire, faute d'alouettes, des nuées de pigeons.

■ IL Y A AUSSI LA RÉALITÉ. ET LÀ...

Eh oui ! Pigeons, nous le sommes car la théorie n'est qu'un slogan publicitaire, exclusivement destiné à attirer le client.

---

3. La notion d'intérêt particulier et d'intérêt commun mériterait un vaste débat public; car elle est très floue et dépend d'où on parle et de quoi on parle. Un individu a à cœur l'intérêt général de sa famille... Mais sa famille est une « entité privée » par rapport à la famille voisine. Une municipalité peut parler au nom de l'intérêt général de ses habitants, mais elle est entité particulière par rapport aux autres municipalités... Ainsi en est-il des départements, des régions, des Etats, des groupes de nations.

Il faudrait pouvoir vérifier les allégations, or il n'y a aucune transparence au niveau des prix. Il faut croire le marchand sur sa bonne mine. S'il vous dit que son combat est contre la vie chère pour défendre votre pouvoir d'achat – car lui, bien sûr, n'en veut pas à votre porte monnaie comme ces autres boutiquiers sans scrupules ! – c'est que c'est vrai, vous devez le croire. D'ailleurs, il a mille preuves à vous présenter. Il pourra vous sortir des listings faisant apparaître des baisses de prix sur des milliers d'articles ; il pourra vous montrer des études comparatives de prix avec sa concurrence ; des statistiques et des chiffres, il vous en donnera jusqu'à l'écœurement et vous repartirez rassuré sur sa bonne foi et la justesse de son combat.

Avez-vous entendu parler des « marges arrières » ?

L'affaire commence à une époque où les grandes surfaces se mettent à proposer des « prix à perte » – donc inférieurs à leur prix d'achat – sur des produits d'appel stratégique. L'émoi est vif et le commerce traditionnel hurle à la concurrence déloyale.

La loi Galland, votée en 1996, tente de remettre un peu d'ordre dans tout cela et interdit les prix démesurément bas et la revente à perte. Pas contente la grande distribution ! Mais c'est oublier que l'on a affaire à des gens qui sont loin d'être des imbéciles. Alors, pour qu'une comparaison entre les prix d'achat et les prix de vente puisse laisser apparaître une marge « loyale », en cas de contrôle officiel, et de façon imparable, elle développe la technique des « marges arrières ».

En d'autres termes, la négociation avec les fournisseurs se situe à deux niveaux.

– Le premier consiste à déterminer le prix officiel auquel la grande surface, mais surtout la centrale d'achat [4] va acheter un ensemble de produits à un fournisseur. La négociation se fait article par article et ce qui est conclu est ce qui apparaîtra sur la facture du fournisseur.

– Le deuxième niveau consiste à négocier un ensemble de rabais, de concessions, de contributions de façon globale et annuelle. Il s'agit par exemple de contribuer aux frais d'ouverture d'un nouveau magasin ou à ceux de l'agrandissement d'un point de vente existant, de verser un droit d'entrée, d'offrir des marchandises gratuites, de payer pour être en tête de gondole, à participer aux frais de promotion, bref… Payer, payer, payer… Faites confiance, il ne manque pas de raisons pour solliciter les fournisseurs; sous prétexte qu'en aidant l'enseigne à se développer, c'est son propre marché que le fournisseur soutient.

4. La centrale d'achat d'une chaîne de magasins est l'organisme qui centralise les besoins de l'ensemble des points de vente et qui peut du même coup négocier en meilleure position de force, grâce aux quantités qu'elle représente.

La manne ainsi recueillie auprès des fournisseurs, n'est pas directement reliée à la fourniture des produits. Ce sont des contributions à part qui, bien évidemment, reviennent en fin de compte à obtenir des conditions beaucoup plus avantageuses que ce que les factures de fournitures laissent apparaître ! Moins de transparence, plus moyen d'avoir une vérité des prix, tout en pouvant officiellement montrer patte blanche.

Pourquoi le fournisseur se plie-t-il à ce genre de pratique ? Le chantage tout simplement. Oh ! Rarement explicite, mais est-il utile de lui faire un dessin pour qu'il comprenne que, faute d'accepter de jouer à ce jeu, il sera « déréférencé » ? Imaginez ce que représente, pour une entreprise, la commande d'une centrale d'achat qui regroupe plusieurs centaines de points de vente ! C'est le pot de terre contre le pot de fer… du moins pour une PME. Dans les discussions avec les multinationales, le rapport de force est plus équilibré. Une PME ne peut se permettre d'être « déréférencée ». Une multinationale a plus de latitude, car l'enseigne aurait autant à souffrir d'un « déréférencement » que la multinationale. Imaginez une enseigne dont Nestlé, Danone, ou L'Oréal aurait déserté les rayons ! Médiatiquement, ça pourrait faire des dégâts, mieux vaut trouver un terrain d'entente.

Mais de quel ordre de grandeur parle-t-on ?

Chaque année, pour des motifs divers, les centrales d'achat réclament ainsi à leurs fournisseurs de 1 à 2 % de remise supplémentaire. Parfois beaucoup plus. Constituées essentiellement de prestations fictives ou survalorisées, les marges arrière ont augmenté de 83 % de 1998 à 2004, selon l'Institut de liaison et d'étude des industries de consommation (Ilec) ! Désormais, marges avant et arrière confondues, la part du distributeur (55,2 %) dans le prix d'un produit est supérieure à celle du fournisseur (44,8 %). Et c'est pire encore pour les PME dont la taxation peut aller jusqu'à 70 % ![5]

Cette pratique, outre le fait qu'elle relève plus d'une logique mafieuse, a un effet secondaire non négligeable : elle est facteur d'inflation. C'est un comble ! Si encore elle visait à incarner le credo : faire baisser les prix pour augmenter le pouvoir d'achat des ménages, il n'y aurait que demi-mal. Ce ne serait qu'un mauvais moyen pour une cause au moins honnête dans l'intention. Mais en réalité, elle a pour conséquence de faire augmenter les prix. Car les fournisseurs, connaissant la musique, incluent à l'avance le poids des marges arrières dans leurs propositions. Les grandes enseignes, quant à elles, sachant qu'ils ont prévu le coup, augmentent la pression et sont plus gourmandes chaque année. Voyez-vous la spirale infernale ? Et qui fait les frais de tout cela ? Le consommateur, transformé pour de bon en pigeon. Car appuyer toute une « philosophie commerciale » par des

5. *Marianne*, n° 400, semaine du 18 au 24 décembre 2004.

pratiques qui vont à l'opposé même, relève d'un cynisme un peu fort, ne croyez-vous pas ?

Et à qui profite cet argent, nous demanderez-vous ? Accordons au moins une chose à ces seigneurs du commerce, ils ne se le mettent pas dans la poche, si ce n'est indirectement par le succès de leurs affaires. Cet argent sert à soutenir « l'effort de guerre ». Car n'en doutez pas, nous sommes en pleine guerre économique. Quand on joue dans la cour des grands, pas question de faire un faux pas; il faut être dans les premiers, à défaut d'être le meilleur. Cette manne supplémentaire permet de financer le coût des grandes campagnes promotionnelles stratégiquement bien placées pour faire venir le client quand il faut. Pensez donc, pas question que les gens aillent ailleurs au moment de la rentrée des classes ou à Noël. Alors, des évènements, il faut en créer toute l'année pour attirer une clientèle qui, puisqu'elle est là pour faire l'affaire du moment, en profite pour remplir son caddy d'alimentaire, de vêtements et autre parapharmacie dont elle a aussi besoin.

Et les pouvoirs publics dans tout cela, ne sont-ils pas au courant ? Pourquoi ne font-ils rien ? Parce que formés à la même école et serviteurs de la même doctrine, ils sacrifient au mythe du prix bas pour relancer la consommation. L'essentiel est de soutenir ce qui contribue à la croissance, les fins « supérieures » justifiant les moyens « discutables ».

Alors c'est une chose certaine, loin de « profiter » de prix bas, négociés avec acharnement par ces seigneurs dévoués à votre cause – comme ils se plaisent à vous le dire à grand renfort de prospectus et d'affichage –, vous payez un prix artificiellement gonflé pour donner « aux grands » le moyen de financer la guerre économique dans laquelle ils sont engagés. Mais les guerres ne se font-elles pas toujours sur le dos des peuples ?

Alors, la prochaine fois que vous serez tenté « d'acheter le prix », ce qui *a priori*, est bien naturel, regardez-y à deux fois, car il y en a souvent un autre, bien plus lourd, qui n'est annoncé, ni sur l'étiquette, ni dans la publicité. Comment savoir ? Par votre simple détermination à ne plus vous laisser diriger par la « laisse du prix » et par celle de considérer avant le prix, ce à quoi vous contribuez en achetant tel bien ou tel service.

MENSONGE N° 8

Il faut lutter contre l'inflation pour sauvegarder son emploi

L'inflation ! À en croire nos gouvernants et les autorités financières, c'est la peste noire le l'économie moderne. Elle est à ce point l'ennemi public n°1, que la seule réelle mission confiée à la Banque centrale européenne (BCE) est de lutter contre elle. La BCE s'est d'ailleurs donné la peine de publier un document[1] à l'intention des enseignants, pour les aider à diffuser la bonne parole auprès des étudiants, sous le titre : *Pourquoi la stabilité des prix est-elle importante pour vous ?* Très pédagogique, clair, bien illustré, ce document reflète parfaitement la position des institutions

1. Accessible sur http://www.ecb.int

européennes en la matière. Ainsi confirme-t-il d'entrée que *le traité instituant la communauté européenne assigne clairement à l'Eurosystème, qui comprend la BCE et les banques centrales nationales (BCN) de la zone euro, un objectif principal, à savoir le maintien de la stabilité des prix au sein de la zone euro; […] Reflet des enseignements tirés des expériences passées, ce choix, est en outre, étayé par la théorie économique et les travaux empiriques selon lesquels la politique monétaire, en assurant la stabilité des prix, est en mesure de contribuer de manière significative au bien-être général et, notamment, à un niveau élevé d'activité économique et d'emploi.*

Voilà un aplomb extraordinaire ! Si l'enseignement repose sur ce modèle pédagogique, on peut craindre le pire ! Car vous remarquerez que l'auteur affirme, sans étayer sa position, que ce choix s'appuie et sur « l'expérience » (laquelle ?), et sur « la théorie économique », comme s'il n'y en avait qu'une…

La théorie sur laquelle repose ce texte est celle qui a pris forme au début des années 1970, sous l'impulsion d'économistes emmenés par Milton Friedman[2] que l'on a appelés

2. Milton Friedman, né en 1912 aux Etats Unis, est le chef de file du courant monétariste. Dans les années 50/60 il porte les premières attaques contre Keynes. Il imposera ses théories et inspirera les politiques de lutte contre l'inflation dans les années 70. Il conseillera, en particulier, Nixon et Reagan. Ses idées ultralibérales triompheront dans les années quatre-vingt et influenceront, en premier les gouvernements de la Grande-Bretagne et des États-Unis.

les « monétaristes ». L'idée de base exposée par Milton Friedmann est que l'inflation est toujours d'origine monétaire et qu'une création monétaire excessive se transforme toujours en inflation. Selon lui, une augmentation de la masse monétaire n'affecte que les prix [3], pas la croissance. Il n'admet qu'en partie la théorie quantitative qui relie la quantité de monnaie (M), la vitesse de circulation de la monnaie (V), le niveau des prix (P) et le volume de production (Q), s'exprimant sous la forme de l'équation suivante : MV=PQ.

Un peu ésotérique tout cela, n'est-ce pas ? Nous allons tâcher d'être plus clairs, non que cette théorie mérite qu'on s'y arrête particulièrement, mais pour vous faire toucher du doigt combien les choses peuvent être considérées de façons différentes selon les préceptes, et combien la position des institutions européennes est dogmatique pour avoir l'audace d'affirmer les choses comme si une seule vérité s'imposait.

Imaginez que vous soyez un groupe de 10 personnes. La masse monétaire dont vous disposez est de 20 pièces de 1 € qui circulent de main en main, à l'occasion des échanges. Un échange, c'est une personne qui fournit à une autre un bien

3. L'influence sur les prix se traduit à moyen terme pour Friedman, à court terme pour d'autres écoles issues du monétarisme, tenants de ce que l'on appelle la Nouvelle économie classique, tels Lucas, Sargent, Wallace, qui sont plus radicaux que Milton Friedmann.

ou un service contre un certain nombre d'euros. La théorie quantitative suggère que la quantité d'argent dans une communauté, déterminée par la masse nominale (20 € dans notre exemple) et sa vitesse de rotation (plus cette vitesse est élevée, plus le pouvoir d'achat est important : 20 € qui passent trois fois de main en main pendant le mois donnent un pouvoir d'achat de 60 €), conditionne le montant des prix et le volume de production. Par exemple, si on augmente la masse monétaire (en injectant 10 € de plus), sans que l'outil productif soit techniquement capable de produire plus, cela va entraîner une augmentation des prix car la richesse symbolique augmente sans équivalence en richesse réelle. Dans ce cas, seule la valeur va changer. Si la production est capable de produire plus, cela va entraîner une augmentation du volume de production qui aura aussi une influence et sur les prix et sur la vitesse de rotation de la monnaie selon l'importance de la demande. La production se vend ? Les prix auront tendance à monter ainsi que la vitesse de rotation de la monnaie. La production ne se vend pas ? Les prix diminueront et la vitesse de rotation diminuera.

Autrement dit, pour les monétaristes, une création monétaire anticipée se traduit par une hausse des prix et non par une stimulation de la croissance, alors que pour Keynes, entre autres, une création monétaire anticipée peut se traduire par une augmentation de la production, sans nécessairement augmentation des prix ; cela dépend du rapport entre l'offre et la demande, et si la création monétaire est orientée au bénéfice de la consommation ou de la production.

Qui a tort, qui a raison ? Là n'est pas la question, et loin de nous l'idée d'entrer dans un débat d'experts. Nous nous sommes attardés sur ce point parce qu'il est important de réaliser de quelles « vérités » s'inspire le discours asséné avec force depuis une trentaine d'années. Nous sommes en plein règne monétariste, courant largement dominant aujourd'hui, comme l'a été celui du keynésianisme dans la trentaine précédente. La « vérité » économique du moment est donc celle de Milton Friedman qui déduit de sa théorie quelques principes essentiels :

- le rôle de l'État en matière de politique monétaire doit se limiter à maintenir une quantité de monnaie proportionnelle au volume de la production ;
- les politiques de relance sont inefficaces. Elles peuvent avoir des effets à court terme qui ne sont que transitoires et s'avèrent nuisibles à long terme ;
- Il faut revenir aux principes des économistes classiques :
  - abandon de la politique budgétaire et limitation de la création monétaire par l'État ;
  - diminution des dépenses sociales de « l'État providence » ;

- privatisation des entreprises publiques et déréglementation ;
- flexibilité de l'emploi et des salaires.

  (Toute ressemblance avec des faits existants ou ayant existés n'est absolument pas fortuite… et pour cause !). Une fois encore, mais vous aurez noté que c'est un phénomène redondant que nous avons souligné tout au long de ce livre, nous voilà enfermés dans le piège du dogmatisme ambiant qui ne considère qu'une voie, au mépris des autres. Belle ouverture d'esprit !

■ DU DOGME, ENCORE DU DOGME, TOUJOURS DU DOGME

Le projet de Traité constitutionnel européen (rejeté par référendum en France et aux Pays-Bas) met en avant l'objectif de mise en œuvre d'une « *Économie sociale de marché hautement compétitive* ». Ainsi nous lisons en son article I-1 qui définit explicitement les missions de l'Union européenne : *Un marché intérieur où la concurrence est libre et non faussée* et *œuvre pour le développement durable de l'Europe fondé sur une croissance économique équilibrée et sur la stabilité des prix, une économie sociale de marché hautement compétitive […].* Bonne nouvelle non ? Pourquoi avons-nous rejeté un tel projet ? Une économie de marché sociale ! N'est-ce pas l'alternative souhaitable à la brutalité de l'économie de marché « ultralibérale » à l'américaine ? Ah ! Comme les mots sont trompeurs…

Comme l'écrit Serge Le Quéau[4] : [le Traité pour une Constitution Européenne] *est l'écriture d'une véritable ligne politique. […] Il ne fait que reprendre, en les systématisant, les principes qui régissent la construction européenne depuis le milieu des années 1980.*

[…]

« Concurrence libre », « stabilité des prix », « économie sociale de marché »… Ces trois thèmes sont devenus tellement courants dans les discours politiques des gouvernements européens qu'on risque d'oublier qu'ils viennent tout droit d'une école de pensée structurée autour de principes économiques qui sont devenus les dogmes pour l'action politique européenne ».

Comment se nomme cette école de pensée ? C'est « l'ordolibéralisme », né dans l'Allemagne fédérale d'après-guerre, qui rassemble des économistes conservateurs autour de la revue *Ordo*. Ses fondateurs[5] ont très largement influencé la politique économique des chanceliers allemands conservateurs ou socio-démocrates, et son dogme est

4. Serge Le Queau est Membre du Conseil d'Administration d'Attac France.
5. Les économistes Walter Eucken, Wilhelm Röpke et Alfred Müller-Armack.

justement « L'économie sociale de marché » (en allemand *Soziale Marktwirtschaft*). Le « social », dans l'affaire, n'est qu'un « faux ami », car il n'y a pas de recherche d'équilibre entre le social et les « lois » du marché.

Les traités européens ont repris les théories de l'« ordolibéralisme » qui constituent l'armature intellectuelle des décideurs de l'Europe d'aujourd'hui.

« L'économie sociale de marché » est fondée sur deux dogmes présents dans le projet de constitution :

- la politique monétaire doit être assumée par des « experts » et non par le pouvoir politique (les citoyens), condition nécessaire, selon eux, pour éviter une souplesse monétaire aboutissant à des risques inflationnistes (la BCE, dans son fonctionnement actuel, incarne parfaitement cette idée[6]);

---

6. Histoire de bien verrouiller les choses… Communiqué de presse le 1-6-2006 : *Les responsabilités au directoire de la Banque centrale européenne (BCE) vont être redistribuées, avec notamment une division des tâches effectuées jusqu'à présent par le chef économiste allemand Otmar Issing. La division économie, à la tête de laquelle était auparavant M. Issing, sera à compter de ce jeudi dirigée par l'Allemand Jürgen Stark. Monsieur Stark, considéré comme un économiste très orthodoxe, est un ancien de la Bundesbank, comme M. Issing. Il a travaillé également au ministère allemand des Finances, où il a joué un rôle clé dans la rédaction du Traité de Maastricht.*

- la concurrence est le cœur de toute la politique économique. Les « ordolibéraux » estiment que les autorités doivent intervenir le moins possible dans la vie économique.

Dans ces conditions, il n'est pas étonnant que la direction empruntée aille systématiquement vers le démantèlement de tous les services publics. On peut comprendre aussi que la fameuse « directive services » de Frits Bolkestein n'était en aucune façon une erreur, sauf une erreur de *timing* risquant de faire capoter l'issue espérée positive des référendums nationaux de ratification. L'ouverture à la libre concurrence intracommunautaire des services, comme le préconisait la « directive Bolkenstein », est cohérente avec la logique « ordolibérale » de la commission. Le droit du travail, les systèmes de salaires socialisés et autres conquêtes du salariat sont vues comme des obstacles à la constitution d'un marché unifié et dynamique des services. Ce secteur est aujourd'hui considéré par les grandes entreprises et par la Commission européenne, comme potentiellement riche de profits futurs ; le *dumping* social est donc à l'ordre du jour ! Voilà ce qu'on appelle « social » dans les hautes sphères européennes. Cela nous réserve de beaux jours.

Voilà pour « la théorie » qui sous-tend et la pensée et l'action des institutions européennes, de façon si indiscutable qu'il n'est fait aucune allusion et qu'il n'est laissé aucune place à d'autres. Et l'expérience ?

■ DES PREUVES DE L'EXPÉRIENCE QUI LAISSENT À DÉSIRER

Reprenons quelques données sur l'emploi et sur la croissance, puisqu'une inflation faible, affirme la BCE, *contribue de manière significative au bien-être général, et notamment à un niveau élevé d'activité économique et d'emploi.*

En septembre 2005, en France, sur une population active de 27 500 000 personnes, 4 128 000 chômeurs[7] étaient inscrits à l'ANPE (Agence nationale pour l'emploi), dans

7. D'après Fabienne Brutus *Chômage, Des secrets bien gardés,* Éd. J.-C. Gawsewitch.
Les autres catégories, à cette même date :
2 : « sans-emploi », immédiatement disponibles, recherchant CDI à temps partiel : 445 000
3 : « sans-emploi », immédiatement disponibles, recherchant CDD, contrat temporaire ou saisonnier : 307 000
4 : « sans-emploi », non disponibles immédiatement, recherchant CDI ou CDD, à temps plein ou partiel : 134 000
5 : pourvu d'un emploi, recherchant un autre emploi en CDI ou CDD, à temps plein ou partiel : 107 000
6 : « sans-emploi », immédiatement disponibles, recherchant CDI à temps plein et ayant travaillé plus de 78 heures par mois : 485 000
7 : « sans-emploi » immédiatement disponibles, recherchant CDI à temps partiel et ayant travaillé plus de 78 heures par mois : 86 000
8 : « sans-emploi », immédiatement disponibles, recherchant CDD temporaire ou saisonnier, et ayant travaillé plus de 78 heures par mois : 129 000

une des huit catégories de classement. En réalité, nous n'entendons toujours parler que de la catégorie 1 ; elle représente le classement suivant les normes du BIT (Bureau international du travail), la seule qui permette donc les comparaisons internationales. Ne parler que de cette catégorie revêt un avantage politique certain ; cela permet de minorer la réalité des choses, d'autant plus que le comptage donne lieu à de subtiles manipulations, afin de ne laisser apparaître qu'un taux « psychologiquement acceptable », de préférence inférieur à 10 %. Elle comptabilise les « sans emploi », immédiatement disponibles, recherchant un contrat de travail à durée indéterminée (CDI) à temps plein. En septembre 2005, cette catégorie comptait 2 433 000 inscrits, laissant apparaître un chômage officiel de 9,8 %. La réalité se situe donc plus autour de 15 % de la population active et, si l'on inclut les 200 000 chômeurs des départements d'outre mer, qui ne sont pas comptabilisés, ainsi que les « chômeurs dégagés d'inscription » à l'ANPE, lesquels ne peuvent évidemment être comptés, c'est aux alentours de 20 % que se situerait la réalité humaine. Mais n'entrons pas dans une guerre des chiffres qui ne serait pas à propos. Car même si l'on se limite aux chiffres officiels de la catégorie 1, peut-on décemment appeler cela « un niveau élevé d'emploi » ? Or, la France a contenu son inflation plutôt au dessous de 3 % depuis 1986, et de 2 % depuis 2000.

Soit ! Soyons bons joueurs, élargissons le « champ d'expérience[8] pour ne pas nous enfermer dans l'exception qui confirmerait la règle.

La France a connu depuis l'après-guerre, comme la majorité des pays occidentaux, trois grandes périodes :

– de 1950 à 1973 : la croissance a été forte et l'inflation relativement limitée,

– de 1973 à 1982 : la croissance a ralenti et l'inflation s'est accrue (période dite de « stagflation ») ; c'est la période où les idées monétaristes se sont imposées dans les politiques européennes au détriment des idées keynésiennes,

– depuis lors, inflation et croissance sont faibles.

Voici un tableau des données par décennies[9] :

Décennie	Taux d'inflation (%)	Croissance du PIB (%)
50	6,5	4,5
60	3,9	5,7
70	8,9	3,7
80	7,4	2,3
90	1,9	1,8

8. Les propos et les données qui suivent sont issus d'un texte d'Alain Grandjean, publié sur le site « Chômage et monnaie » www.chomage-et-monnaie.org. Cette association propose une réflexion approfondie sur la relation entre l'emploi et la monnaie. Clair et documenté, nous vous le recommandons. Alain Grandjean est Polytechnicien, docteur en économie de l'environnement, Conseil de dirigeants, co-auteur de *La Monnaie dévoilée*.

9. Tableau issu du livre de J. Généreux *Chiffres clés de l'économie française*, aux éditions du Seuil,1993, et des tableaux de l'économie française de l'Insee (décennie quatre-vingt dix).

Voyez-vous là en quoi les chiffres de l'expérience passée permettent aux autorités financières de l'Europe de fonder leurs propos ? Quelle preuve à leurs allégations trouvent-elles dans la décennie cinquante ? 6,5 % d'inflation en moyenne. Ne crieraient-elles pas « au feu ! » avec une telle inflation de nos jours ? Pourtant c'était le plein emploi et la croissance était forte. Et dans la décennie soixante ? Voilà une inflation plus « raisonnable » qui se traduit toujours par le plein emploi (chômage de 1,5 % à 2,5 %) et une forte croissance, ce qui pourrait alimenter leur moulin. Nous sommes pourtant en plein courant keynésien, avec une importante intervention des États dans l'économie : contrôle des changes, contrôle des prix, encadrement du crédit, contrôle des importations et injection de monnaie. Ah ! Mais heureusement pour « l'expérience », voilà la décennie soixante. Regardez ! L'inflation s'envole, la croissance ralentit et le chômage se développe fortement (de 2,5 % au début des années soixante-dix à 6,3 % en 1980) Voilà une preuve ! Désolés, nous n'en voyons pas, car cette inflation est-elle d'origine monétaire ? N'y a t-il pas eu un évènement majeur comme la hausse brutale du prix du pétrole qui a entraîné une hausse générale des prix et déclenché une crise économique mondiale ? Bon, allons voir ensuite… Ah, oui ! La décennie quatre-vingt montre bien qu'avec une forte inflation, la croissance s'est ralentie et le chômage s'est développé (variant dans une fourchette de 6 % à 10 %), alors que dans la décennie quatre vingt-dix, où enfin les recettes monétaristes ont pu être mises en œuvre, on a à l'évidence une inflation faible qui a permis… une croissance faible et un chômage toujours aussi important.

Toujours pas de preuve… Peut-être ailleurs encore ? Cherchons hors frontière ! Mais là encore, l'examen comparatif de six pays sur la période 1971-1981 fait par M. Lauré [10], montre qu'il n'y a pas de corrélation entre la hausse des prix et les efforts de constriction monétaire. Nous reproduisons ci-dessous le tableau le plus synthétique :

Variation de 1971 à 1981

	USA	France	Italie	UK	RFA	Japon
Masse monétaire MM 81/71	1,41	1,59	1,31	0,98	1,52	2,13
PNB 81/71	1,37	1,42	1,35	1,62	1,29	1,62
MM/PNB 81/71	+3 %	+12 %	-3 %	-15 %	+18 %	+31 %
Prix 81/71	2,17	2,82	4,84	4,10	1,74	2,04
Rythme des prix fin 1981	8,8 %	12,7 %	17,5 %	9 1 %	4,6 %	2,3 %

Ce tableau montre que les deux pays les plus « laxistes », la RFA et le Japon, dont la masse monétaire a crû beaucoup plus vite que le PNB, sont ceux pour lesquels la hausse des prix a été la plus faible.

10. « Reconquérir l'espoir », Julliard, 1982.

Enfin, souligne Alain Grandjean, *L'exemple le plus spectaculaire est celui des États-Unis qui ont connu une période de croissance remarquée dans la décennie quatre-vingt-dix sans inflation des biens courants et avec une forte croissance de la masse monétaire, en plus impulsée par des rachats de titres d'État sur l'open-market (équivalent strict de l'avance à l'État, honnie par les économistes monétaristes !). La croissance annuelle du PIB a été de 3,2 % de 1992 à 2000 et celle de l'inflation de 2,1 %. La masse monétaire M1 a cru en moyenne sur la période de 3,2 %. Et, ce qui est particulièrement remarquable, c'est que la part des titres publics dans cette masse monétaire a cru de 29 % en 1991 à 49 % en 2000, contredisant complètement l'affirmation selon laquelle le financement monétaire de la dette publique est inflationniste.*

■ LES VRAIES RAISONS DE LA LUTTE CONTRE L'INFLATION

Mais alors, nous direz-vous, pourquoi ce consensus autour de la lutte contre l'inflation ? Il doit bien y avoir un intérêt tout de même ?

Nous voyons deux raisons principales :

– Une raison « épidermique » : c'est celle qui s'inscrit en cicatrice profonde dans la mémoire collective qui porte le souvenir des désastres et des souffrances liés aux quelques périodes d'« hyperinflation »[11] que le monde a connues. Jacques Marseille[12], lors de propos recueillis par Laurence Caramel publiés dans *Le Monde* du 13 décembre 2005, intitulé « Faut-il avoir peur de l'inflation ? » déclare à ce sujet : *Nos banquiers centraux ignorent les leçons de l'Histoire et ne retiennent que le souvenir cauchemardesque laissé par l'inflation allemande de 1923 qu'ils associent, par erreur, à l'avènement du nazisme qui survient en 1933, après une sévère… déflation !*

– L'éternelle raison inavouable : préserver les avantages des plus riches. La lutte contre l'inflation c'est, en réalité, la lutte des rentiers contre les actifs ! Dans les années 1970 à 1984, les profits des entreprises sont érodés par une inflation qui augmente et un rapport de force en leur défaveur. Les détenteurs de patrimoines et les prêteurs de capitaux sont pénalisés par une inflation à deux chiffres, jusqu'à l'offensive du courant économiste libéral.

---

11. L'inflation est définie comme une hausse durable du niveau général des prix. L'hyperinflation est une situation dans laquelle le taux d'inflation est très élevé et/ou on enregistre une augmentation constante jusqu'à devenir incontrôlable. Les économistes s'accordent à considérer hyperinflationniste une période où le taux d'inflation est supérieur à 50 % par mois.
12. Jacques Marseille, agrégé d'Histoire, il croise l'Histoire et l'Économie. Suite à sa thèse, il hérite à la Sorbonne de la chaire d'Histoire économique et sociale. Chroniqueur à *L'Expansion*, puis au magazine *Les Échos*, directeur de collection chez Nathan. En 1992, il se fait connaître du public avec un essai intitulé *Lettre ouverte aux Français qui s'usent en travaillant et qui pourraient s'enrichir en dormant*, puis l'année suivante avec *C'est beau la France*. Suivent aussi une *Nouvelle histoire de France*, *Le grand gaspillage* et *La guerre des deux France*.

Si vous possédez beaucoup d'argent, l'inflation est pour vous un vrai problème; en revanche, il ne l'est pas si vous n'en possédez pas. Imaginez : vous avez un million d'euros dans un contexte inflationniste à 10 % l'an. Passé un an, votre million ne vaut plus que 900 000 €; vous avez perdu 100 000 € en pouvoir d'achat, à moins bien sûr d'avoir placé votre capital de façon à ne pas le laisser se déprécier. Mais vous attendez bien autre chose que de simplement sauvegarder votre pouvoir d'achat ! Vous désirez le meilleur rendement possible; et, quand vous avez déjà un handicap de 10 % au départ, c'est moins facile. L'inflation, pour le rentier, est assimilable à une taxe sur la fortune. Alors que si vous n'avez pas d'argent, elle ne vous touche pas à condition, bien sûr, que les salaires suivent son évolution, ce qui est le cas, en règle générale, car, lorsque l'inflation augmente fortement, les revendications sociales ne se font pas attendre.

De même, l'inflation est un problème pour ceux qui prêtent plus que pour ceux qui empruntent. Pensez donc ! Prêter de l'argent dans un climat inflationniste… passe encore à court terme, mais à moyen ou long terme… Il y a risque de ne pas rentrer dans son argent si les choses s'aggravent; risque de faible rendement dans tous les cas. Alors que l'emprunteur, qui n'a pas de capital à protéger, trouve dans l'inflation une aide au financement. C'est ainsi que bon nombre de personnes, à revenus modestes, ont pu acheter leur maison dans les années soixante-dix. Le crédit était cher ! 15… 17 %… parfois plus ! Les mensualités mangeaient une bonne part du revenu familial. Mais « grâce à l'inflation », les revenus doublaient en moyenne tous les 6-7 ans, de sorte qu'il n'y avait que les quelques premières années qui étaient dures à passer.

Mais les conséquences ne se limitent pas à une simple rivalité entre riches et moins riches. Jacques Marseille, dans ce même article, précise : *La lutte des classes n'est pas entre « bourgeois » et « prolétaires », elle est entre les créanciers et les débiteurs. Or, aujourd'hui, les taux d'intérêt servis aux créanciers sont historiquement élevés et quand les créanciers ont trop de pouvoir par rapport aux débiteurs, la croissance est faible, fatalement. […] La grande nouveauté, c'est qu'avec la création de l'euro, nous avons délégué notre pouvoir monétaire à une banque centrale dont le souci n'est pas de s'ajuster aux besoins et à l'identité des pays qui la composent. Quel est le résultat ? La zone euro connaît une faible inflation mais elle est aussi la zone de croissance la plus faible du monde et la zone de chômage la plus élevée. Nous devrions nous poser cette question de bon sens : est-ce que la création de la monnaie unique et d'une BCE indépendante a été une bonne chose pour la croissance et le dynamisme de la zone ?*

De fait, pour les monétaristes, les États et les gouvernements portent la responsabilité historique de l'inflation.

Le principe « d'indépendance totale » des Banques centrales, gardiennes absolues de la monnaie et dissociées du politique, a été conçu précisément pour éviter aux politiques de pratiquer « l'euthanasie des rentiers » chère à Keynes. « Notre » Banque centrale européenne est la plus indépendante du monde, puisqu'elle n'a de compte a rendre à personne. Elle dispose donc de tout le pouvoir associé au contrôle de la monnaie. Le pouvoir a ainsi changé de mains et le politique n'a plus la possibilité, s'excuse-t-il, de répondre aux préoccupations légitimes des peuples.

■ L'ALIBI DE L'EMPLOI

L'emploi, dans toute cette affaire, n'est encore une fois qu'un habillage démagogique destiné à détourner l'attention d'une position qui serait plus délicate à défendre. Non seulement il n'est « qu'effet de manche » mais, en plus, il semble fort que la volonté soit de le maintenir dans la précarité plutôt que de le développer.

Avez-vous entendu parler du NAIRU ? En anglais *Non Accelerating Inflation Rate of Unemployment* (« taux de chômage qui n'accélère pas l'inflation »). Si nous regrettions, précédemment que l'on n'utilise pas d'autres indicateurs que le PIB pour déterminer la richesse, assimilée au bien-être d'un pays, curieusement en voici un qui retient toute l'attention de nos gouvernants. De quoi s'agit-il ? De déterminer le taux de chômage au dessous duquel l'inflation risque de repartir. Le NAIRU s'ancre dans l'étude du rapport qui existe entre le chômage et l'inflation, fondé sur l'idée que lorsque le chômage est élevé, il a une influence à la baisse sur les salaires et, par répercussion, sur les prix et, qu'inversement lorsque le chômage se résorbe, les salariés se sentent dans une position plus confortable qui se traduit par une pression à la hausse sur leurs revenus. Ce taux est variable, selon les pays, dans la mesure ou les marchés de l'emploi présentent des caractéristiques différentes, principalement à cause des politiques sociales et des législations du travail. En France, le ministère des Finances l'a fixé à 9 % en 1997, taux à notre connaissance encore valable aujourd'hui. La conséquence de cela est qu'il est « urgent de ne rien faire » pour relancer l'emploi puisque, avec un taux de chômage officiel de 9,8 %, on se situe tout près du NAIRU ! Que le chômage tombe d'un point, et nous voilà en situation inflationniste potentielle… Horreur !

L'exercice, en réalité, relève d'un art subtil : il faut maintenir l'emploi dans des conditions de précarité et de fragilité telles que le salariat admette psychologiquement comme nécessaires toutes mesures qui favorisent et la flexibilité du marché du travail et des salaires bas, tout en évitant qu'il se dégrade trop pour ne pas nuire à la croissance et à la paix sociale. Car plus le marché de l'emploi est « flexible » (manière élégante de dire « plus le salarié est taillable et corvéable à merci »), plus le NAIRU baisse. C'est ainsi qu'il se situe légèrement au dessous de 5 % aux États-Unis. Et un marché « flexible » est un marché qui s'adapte plus rapidement et qui est plus compétitif. D'où la persistance à laisser entendre que le chômeur est « responsable » de sa situation, par « inadaptation au marché ». Honte à vous chômeurs ! Vous vous comportez en enfants gâtés car vous auriez un emploi si vous n'étiez pas si gourmands tant sur vos conditions de travail que sur votre rémunération. Il va falloir vous secouer, car la bonne volonté et la générosité des institutions ont leur limite ! Comme le rappelle Jean Vassileff dans son livre *Le partage contre la croissance*, notre classe politique *prône la réalité économique mais, en fait, c'est une idéologie de « la loi de la jungle », au profit des plus riches et au détriment des plus pauvres.*

■ LE COMBLE !

Le courant monétariste, comme nous l'avons rappelé, préconise une politique monétaire restrictive puisque toute création monétaire anticipée est génératrice d'inflation. Ainsi, Friedmann conseille-t-il aux autorités monétaires de fixer *a priori* une norme de croissance de la masse monétaire et de s'y tenir. En bon élève, la BCE a fixé un taux de croissance de la masse monétaire de 4,5 % par an, juste assez pour faire face à une inflation « normale » de 2 % l'an, 2 % de croissance et 0,5 % de « terme correctif ». Jetez un coup d'œil au tableau ci-après. La diagonale inférieure représente la prévision, la ligne supérieure dessine la réalité de la monnaie créée.

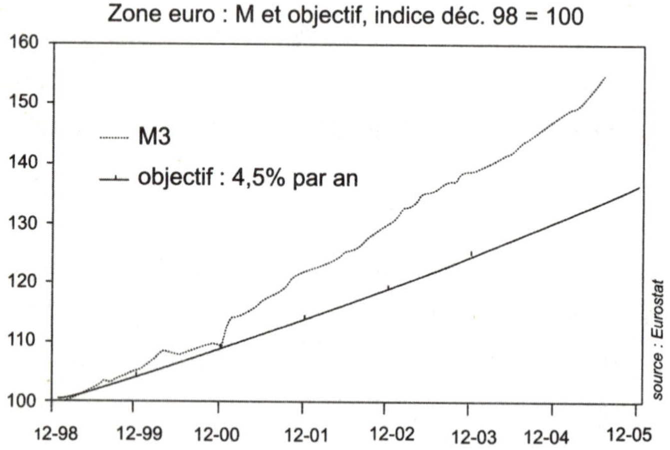

Ce sont quelques 1000 milliards « de trop » que la BCE a créés. Or, vous observerez que l'inflation et la croissance se situent à moins de 2 %. Il y a là un mystère qui devrait ébranler les autorités dans leurs convictions, car elles ont fait ce qu'elles réprouvent : injecter beaucoup plus d'argent qu'elles « n'auraient dû » selon la théorie ; toutefois, cela ne se traduit pas par la moindre inflation ; c'est en totale contradiction avec la théorie ! Comme quoi l'idéologie rend vraiment aveugle.

Passons outre ! Reste toutefois la vraie question : qu'est devenu cet argent ? Car on devrait en trouver la trace, soit sous forme d'inflation (si l'emprunt créateur de monnaie avait surtout profité au consommateur, sans que la production ait augmenté) soit sous forme de croissance (si ce même emprunt avait plutôt profité à la production répondant à une demande équivalente), soit sous forme des deux. Mais de tout cela, aucune trace !

Nous n'avons pas de réponse absolue. Nous avons posé la question à plusieurs économistes qui avancent des éléments de réponse sans certitude. Disons que ce qui ressort de plus probable c'est :

– Une remise en cause de la validité des chiffres et, en particulier, de ceux de l'inflation. En effet, le taux d'inflation est déterminé par l'évolution des prix à l'intérieur d'un panier de biens et services, pondérés en fonction du poids de leur utilisation dans la vie des ménages. On pourrait donc débattre à l'infini de la justesse des appréciations qui permettent sa détermination. D'autre part, il s'agit des prix à la consommation. Cela exclut donc les prix de ce que l'on appelle « l'investissement », c'est-à-dire l'immobilier, les remboursements de crédits, les œuvres d'art, les actions, etc. Or, pour ne prendre que l'immobilier, il a beaucoup augmenté depuis 98 ; 10 % par an en moyenne en France !

– Une évasion vers « les bulles spéculatives », profitant donc plus à l'accumulation de capital financier. Cette hypothèse semble être plus en accord avec ce que traduisent les chiffres en matière de répartition de la richesse et de son évolution puisque, entre 1984 et 2004, la part de la richesse nationale qui revient aux salariés a reculé en France de 10 % par rapport à celle allant aux détenteurs de capitaux. Cette tendance se confirme au travers de nombreuses autres données ; en voici quelques-unes, histoire de mieux se représenter les choses :

En 1960, les 20 % de la population mondiale vivant dans les pays les plus riches avaient un revenu 30 fois supérieur à celui des 20 % les plus pauvres. Il était de 82 fois supérieur en 1995. Dans plus de 70 pays, le revenu par habitant est inférieur à ce qu'il était il y a vingt ans ; fin 2003, la capitalisation boursière mondiale était égale à 31 000 milliards de dollars, soit 86 % du PIB annuel de la planète (36 000 milliards de dollars). Les détenteurs directs d'actions possédaient donc un patrimoine boursier représentant la valeur de presque une année de production marchande de toute la planète. Mais de qui parle-t-on ? La richesse boursière est concentrée dans un petit nombre de pays développés :

avec 5 % de la population mondiale, les EU représentent 46 % de la capitalisation mondiale. L'Europe 25 %, le Japon 15 %, ce qui fait pour ces trois entités 85 % du total ! Ainsi, on estime que 300 millions d'individus actionnaires (soit 5 % de la population mondiale) détiennent la quasi-totalité de la richesse boursière de la planète, dont une douzaine de millions contrôlent et la moitié de la capitalisation et une proportion, à peine plus faible du patrimoine marchand mondial[13].

Alors, oui ! La stabilité des prix est préférable à bien des égards, même à l'emploi quoique notre proche histoire révèle que nous avons traversé des périodes d'inflation forte avec maintien du plein emploi. Ce que nous dénonçons, c'est l'idéologie extrémiste qui soutient le principe et en fait quasiment son seul cheval de bataille, en utilisant l'argument de l'emploi pour travestir une logique de création et de répartition de richesse favorable aux plus riches au dépend de ceux qu'elle prétend servir. En fin de compte les monétaristes qui ont prôné et obtenu l'indépendance de la BCE pour la raison que les États étaient trop laxistes et favorisaient l'inflation en injectant trop d'argent dans le système, font exactement pareil. Mais pas pour la même cause. Les États le faisaient dans une optique plus soucieuse du

13. Source des chiffres cités : rapports du PNUD (Programme des Nations unis pour le développement des peuples).

bien commun, quand les autorités financières servent en premier les intérêts de l'argent. Mais ce jeu est dangereux, nous dit l'analyste financier Edouard Tétreau [14], car ... *La sphère financière génère tellement d'argent qu'elle ne sait plus quoi en faire. Des bulles se forment partout, dans l'immobilier, en Chine ou sur le marché des obligations [dettes des États] et des fusions-acquisitions. On n'a jamais vu autant d'OPA dans le monde depuis la bulle de 1999-2000. Les dividendes d'aujourd'hui sont les bulles de demain et les krachs d'après-demain.*

Oui, à pousser le bouchon trop loin, tout cela pourrait bien nous sauter à la figure et là, personne ne sera épargné. C'est pourquoi il nous semble essentiel que les citoyens d'Europe se mobilisent pour demander que la BCE soit mise sous la tutelle des instances politiques. Encore faudrait-il qu'elles soient composées de vrais démocrates plus concernés par le bien des peuples et l'avenir du monde que par leur carrière.

---

14. Propos recueillis par Angeline Benoit dans *20 minutes*, édition du 19.06.06.

MENSONGE N° 9

On vivrait beaucoup mieux si on payait moins d'impots

Évidemment, lorsque l'on regarde sa feuille de paie, on préférerait toucher le salaire brut ; lorsque l'on passe à la pompe, on ne peut s'empêcher de penser que l'État s'en met plein les poches et, quand viennent les impôts sur le revenu ou les impôts locaux, on se dit au moment de payer que cet argent aurait été mieux utilisé dans des rénovations de la maison ou pour s'offrir un peu de « dolce vita » sous les cocotiers. Rares sont les transactions de la vie quotidienne qui échappent à la fiscalité sous une forme ou une autre, encore plus rares sont ceux qui retirent du paiement de leurs impôts et taxes un sentiment de satisfaction, d'équité, de contribution salutaire au bien commun. Pourtant, lorsqu'on adhère à une association, ou lorsqu'on verse un don à une œuvre humanitaire, n'est-ce pas le même principe ? Certains biens ou certains services, nécessaires à la collectivité et n'ayant pas vocation de « profit » ne peuvent exister qu'en se cotisant. Seulement voilà, si l'on donne avec joie à son association, sa fondation ou son organisme de bienfaisance, le même enthousiasme ne nous habite pas pour le versement de l'impôt. Cela semble être un point commun à toutes les sociétés de par le monde et à travers l'histoire. Peut-être est-ce dû au fait que la première forme d'impôt fut le tribut que les vaincus devaient payer aux vainqueurs par le pillage systématique de leurs richesses et la mise en esclavage de leur peuple, sans oublier, en prime, un peu d'extermination et de viol… Pas idéal pour créer une image positive.

L'impôt est « vieux comme le monde » : de la dîme de la Bible aux dernières créations fiscales, il est commun à toutes les civilisations. Toutefois, chaque époque est marquée par une évolution spécifique. Sous l'Ancien Régime, par exemple, coexistent trois catégories d'impôts : l'impôt royal, l'impôt seigneurial, l'impôt d'Église et à côté des impôts généraux, figurent un certain nombre d'impôts spéciaux, frappant soit des produits particuliers, soit des services, soit des revenus tels que la « dîme », la « taille » et la « gabelle », souvent payés en nature par livraison d'une part de la récolte ou sous forme de travaux. Il est à noter que, jusqu'à la Révolution française, l'impôt s'inscrit dans une logique de rapport de force et non de participation au bien commun, tel qu'on peut l'entendre aujourd'hui. Le lien social est celui qui unit le faible et le fort dans une pyramide sociale où l'aristocratie toute puissante, trouvant sa légitimé en Dieu, a pour vocation de protéger le peuple qui, en retour, lui offre son travail. Qu'il s'agisse de sauver les âmes ou de protéger les corps, la noblesse ne fournit que le « service » de sa protection. Il revient donc au peuple de produire les biens et de payer cette noblesse pour qu'elle puisse tenir son rang divin.

Mais lasse des privilèges et des exagérations, la Nation se révolte et écrit les fondements de la nouvelle conscience citoyenne. C'est la Déclaration des droits de l'Homme et du Citoyen. Celle-ci stipule, entre autres, que… *pour l'entretien de la force publique et pour les dépenses d'administration, une contribution commune est indispensable. Elle doit être également répartie entre tous les citoyens, en raison de leurs facultés.* » Puis, *nulle contribution ne peut être établie que pour l'utilité générale. Tous les citoyens ont le droit de concourir à l'établissement des contributions, d'en surveiller l'emploi, et de s'en faire rendre compte.*

Les impôts indirects sont alors supprimés et une vaste politique de réforme fiscale conduit à la refonte du système qui s'articule autour de quatre contributions directes : une contribution foncière, une contribution mobilière portant sur le logement, des patentes assises sur l'industrie et le commerce et une contribution sur les portes et fenêtres, fondée sur le nombre et la taille des fenêtres des immeubles.

La fiscalité du XIXe siècle s'intéresse principalement au patrimoine. Elle fait peu de cas des revenus d'activité. La condition ouvrière, au champ ou à l'usine, est telle qu'elle ne saurait représenter une ressource importante, et il aurait été mal venu d'entraver l'essor de l'entreprise naissante. La fiscalité se concentre donc essentiellement sur la fortune. Ce n'est qu'à la fin du siècle qu'apparaît l'impôt sur les revenus ; mobiliers tout d'abord (1872), puis boursiers ensuite (1896) alors que Gambetta avait proposé, dès 1876, la création d'un impôt proportionnel sur tous les revenus.

Aujourd'hui la fiscalité s'alimente en priorité sur la consommation par l'intermédiaire de la TVA (taxe sur la valeur ajoutée) qui représente dans notre pays 45 % des recettes fiscales de l'État, puis sur le produit de l'activité des personnes – physiques ou morales –, superposée à une fiscalité sur le patrimoine.

Mais, quelle que soit sa forme et en dépit des innombrables réformes visant à rendre l'impôt plus juste, il reste irrémédiablement impopulaire. Comment ne le serait-il pas dès lors qu'il a toujours donné lieu à de nombreux abus – comme ceux des collecteurs au Moyen Âge, qui n'hésitaient pas à prendre une part supplémentaire pour eux –, qu'il est entouré d'une grande opacité quant à son utilisation, que les gaspillages sont monnaie courante, sans parler des scandales financiers qui animent de plus en plus l'actualité ? Il faut dire que les médias véhiculent de préférence le pire au meilleur, de sorte que les effets positifs de l'impôt restent tus. Dans ces conditions, pas facile de redorer son blason.

Le courant de pensée dominant ne plaide pas non plus en sa faveur. Il est de bon ton de dénoncer les prélèvements obligatoires comme ce qui décourage l'offre, ponctionne une trop grande part de la richesse nationale, bride l'activité, favorise les délocalisations, empêche les entreprises de se créer, de prospérer, d'investir – et, donc, de créer des emplois –, favorise la fuite des cerveaux et participe de la complexité des procédures administratives. Bref, la mode veut qu'ils nuisent à la compétitivité des entreprises et à l'attractivité du territoire dans une mondialisation marquée par la compétition internationale et la mise en concurrence des États. Selon ce même courant de pensée, la fiscalité devrait être réduite au seul financement des missions régaliennes de l'État, à savoir la police, la justice et la défense.

À l'État d'assurer la sécurité et le respect des règles du jeu, au marché d'assurer la redistribution des richesses, de corriger les inégalités, d'inciter ou de modifier certains comportements par le jeu de la libre concurrence. Bref, « moins d'État, moins d'impôts », au profit d'une régulation, supposée libre, par le secteur marchand.

■ UN CHOIX DE SOCIÉTÉ

L'éducation... est le premier poste budgétaire en France. Mais quel est donc le coût d'un élève chez nous et dans des pays ayant des financements très différents ? Le coût annuel moyen d'un élève du second cycle est de 5800 € en France, de 6700 € au Danemark et de 7100 € aux USA. Dans l'enseignement supérieur, les chiffres passent à 6700 € en France, 8300 € au Danemark et presque 17 000 € aux USA. Ces quelques chiffres démontrent que le coût n'est pas plus lourd lorsque le système éducatif est public. Il n'a rien à voir non plus avec la qualité de l'enseignement dispensé car, si chaque système a ses points forts et ses points faibles, le contenu de l'enseignement français, dont par ailleurs il y aurait beaucoup à dire, considéré par les étrangers, a plutôt bonne presse et n'a certainement pas à rougir. Le citoyen américain est-il mieux loti ? Voilà un pays qui a fait le choix de limiter la contribution de l'État dans l'enseignement. Or, non seulement le total payé par ses habitants revient plus cher, mais l'accès à l'enseignement supérieur est problématique pour les plus démunis. Que préférez-vous ?

La santé… En France, la Sécurité sociale dispose d'un budget à part et ce budget est constitué pour moitié de cotisations redistribuées [1].

Les Américains dépensent environ 4200 € par an pour leur santé, avec une participation publique de 45 %. Le Français, lui, dépense la moitié avec une participation publique de plus de 70 %. Si on inclut les coûts privés engagés pour obtenir une contrepartie comparable au système français, les dépenses de santé représentent 14 % du PIB américain contre à peine 10 % en France ! D'une manière générale, les pays qui ont un fort taux de prélèvements sociaux, et donc de redistribution, font payer moins cher leur santé à leurs concitoyens. Sommes-nous moins bien soignés pour autant ? C'est un autre livre qu'il faudrait écrire pour établir un comparatif sérieux, mais si l'on en reste aux généralités, là encore,

---

1. http://www.securite-sociale.fr/secu/lfss/lfss2005/annc.pdf :
Sur un budget de recettes de 354 G€, les cotisations sociales patronales et salariales effectives représentent 190 G€.
Les cotisations prises en charge par l'État (23 G€), dans le cadre de sa politique de l'emploi pour alléger les charges des entreprises et permettre l'embauche de certaines catégories de chômeurs, permettent de financer tout ou partie de la part patronale des charges sociales.
Les contributions publiques (12 G€) sont des participations du budget de l'État à certains régimes de sécurité sociale pour leur permettre de combler un déficit ou pour financer certaines charges supplémentaires. Ces contributions recouvrent pour l'essentiel les subventions d'équilibre versées à certains régimes spéciaux, et des remboursements de prestations (allocation aux adultes handicapés, par exemple). Elles sont prélevées sur l'ensemble des recettes fiscales et ne constituent pas des recettes affectées. Par ailleurs, certains régimes bénéficient d'impôts ou de taxes qui leur sont affectés de façon durable (90 G€).

le système français fait beaucoup d'envieux à l'étranger et au moins ne souffre-t-on « pas encore » du système à deux vitesses que connaissent les Américains ; car si vous avez de l'argent ou un travail assorti d'une bonne protection, tout va bien ; les choses commencent à se gâter si vous n'êtes ni dans un cas, ni dans l'autre. Vous trouverez peut-être le raccourci un peu exagéré, mais si les Américains payent moins d'impôts que nous, ils vivent aussi 2 ans de moins en moyenne, avec une médecine qui leur coûte globalement deux fois plus cher !

Les retraites… Aux États-Unis comme en France, le revenu d'une personne âgée de plus de 65 ans est, en moyenne, inférieur de 15 % à celui d'une personne dont l'âge se situe entre 18 et 64 ans. Nous pouvons donc considérer que les retraités ont un sort équivalent en termes de revenus. Mais outre-Atlantique, l'État ne consacre à ses retraités que la moitié de ce que la France leur consacre : 6 % du PIB contre 12 % chez nous[2]. Nous savons que le sujet est à l'honneur et que le courant néolibéral ne cesse de tirer à boulets rouges sur le système actuel, tout en vantant les mérites d'une retraite par capitalisation… mais est-il sain et loyal de faire dépendre le sort de nos aînés (demain le nôtre) des aléas de bulles financières dont on ne sait ce qu'elles

2. source Jancovici/OCDE – Statistiques OCDE sur : http://www.oecd.org/dataoecd/32/21/36029941.html

deviendront ? Est-il sain et loyal de lier leur sort à la compétence et à l'honnêteté des gestionnaires de fonds de pension dont plusieurs défaillances ont déjà défrayé la chronique ? Est-il sain et loyal que le sort des économies nationales soit suspendu à l'afflux ou au retrait en masse de ces fonds, gouvernés exclusivement par l'appât de la meilleure rémunération à court terme ?

Oublions quelques instants tout ce qui « pollue » notre jugement sur l'impôt ; mettons de côté aussi les opinions nécessairement partisanes que nous avons, fondées sur le fait que nous sommes naturellement portés à penser que « l'herbe est plus verte dans le pré du voisin » et que nous sommes « injustement » défavorisés… et considérons l'impôt avec un peu plus d'objectivité. Nous lui voyons quatre missions principales :

- financer les missions régaliennes (police, justice, armée) ;
- financer les services publics et les équipements collectifs (routes, hôpitaux, écoles, voies navigables…) ;
- entretenir le lien social et répartir la solidarité nationale par le moyen des cotisations sociales ;
- compenser les coûts sociaux d'une croissance économique qui génère des nuisances grandissantes au-delà d'un certain seuil[3].

3. Nous l'avons démontré dans le chapitre 5.

Mais où doit commencer l’intervention de l’État, et où doit-elle s’arrêter ? Là est toute la question qui ne trouve pas de réponse pour la simple raison qu’elle n’a question n’a jamais été clairement posée. Ce sont les courants de pensée et les rapports de force sociaux qui ont influé empiriquement sur le cours des choses mais, à notre connaissance, il n’y a jamais eu de débat public sur ce qui devrait relever de l’intérêt privé et ce qui devrait relever de l’intérêt général dont, seul, l’État peut être le garant. Ce flou artistique laisse chacun à sa propre conception des choses, plus fondée sur un « vécu personnel » que sur une vision plus vaste légitimée par un débat démocratique. Tout le monde en est arrivé à se marcher sur les pieds sans que personne en retire une satisfaction quelconque. L’État en oublie le sens de sa mission, au point de vouloir « rentabiliser » des services qui n’ont pas vocation à l’être ; le privé, quant à lui veut s’accaparer des domaines d’activité, traditionnellement confiés au public, parce qu’il voit en eux un potentiel important de profits.

La question est pourtant essentielle, car nous l’avons déjà souligné : si l’intérêt privé se mesure en argent, l’intérêt commun se mesure, lui, en « nature ». L’éducation, par exemple, doit-elle être gouvernée par la recherche d’un profit immédiat et orienté sur la préparation de futurs bons petits soldats du commerce, ou par la volonté d’aider chacun à ouvrir son esprit, découvrir et exprimer au mieux son potentiel ? Les ressources naturelles, la terre, l’eau, les forêts…

ainsi que les ressources minières, peuvent-elles être propriété privée ? Voilà deux exemples parmi tant d'autres, suffisants pour poser les enjeux et réaliser que selon la réponse que l'on donne, le sens de l'activité n'est pas du tout le même. Il ne nous appartient pas de répondre à ces questions ; seul un débat public réellement démocratique aurait légitimité pour le faire. En attendant, nous voilà obligés de marcher dans un marécage où privé et public se renvoient la balle dans un sentiment général de gaspillages et d'injustices.

La France est réputée faire partie des pays où les prélèvements obligatoires sont les plus élevés. Dans d'autres pays, ce qui relève chez nous du financement public est laissé à l'initiative privée. En Europe, actuellement, la pensée néolibérale dominante avance que nombre d'activités, aujourd'hui publiques, maximiseraient leurs profits si elles étaient gérées par des entreprises privées et sauraient mieux faire que les États dont elle ne cesse de dénoncer l'incompétence et la lourdeur. Ces allégations sont fausses et reposent, encore une fois, davantage sur de la propagande idéologique que sur la réalité. L'examen, au niveau mondial, des services publics qui ont été privatisés, montre, qu'en effet, ils sont devenus sources de profits… mais à quel prix ! Celui, en règle générale, d'une augmentation sensible des tarifs qui en a rendu l'accès difficile, voire impossible, aux plus démunis ; nous en donnerons quelques exemples dans le prochain chapitre. C'est la négation même de l'essence de ces services qui, pour bénéficier à tous sans exception, étaient confiés au public. Il est évidemment facile de faire du profit et de donner un service de meilleure qualité (ce qui est loin d'être la généralité...) quand on ne se fixe plus pour devoir de servir la communauté dans son ensemble. Quant à la soi-disant incapacité du secteur public à gérer les affaires efficacement, notons comme simple exemple que le budget de fonctionnement de la Caisse d'assurance maladie en France est inférieur à 5 % [4], alors que ceux des assurances privées tournent plus fréquemment autour de 15 %. Dans tous les cas, au cœur de ce débat, avant de se demander si le privé saurait « mieux faire », il faut considérer :

- en premier, si la nature de l'activité la fait relever « en essence » du privé ou du public, car le « bien faire » dans chaque sphère ne revêt pas du tout la même signification ;
- en second que le coût, si souvent mis en avant comme pénalisant pour la société, est aussi une recette [5]...

---

4. Que fait l'assurance maladie avec 100 euros de cotisation ? :
   - Gestion = 4 %
   - Prévention = 1 %
   - Solidarité avec d'autres régimes d'Assurance Maladie = 5 %
   - Secteur public : hospitalisation = 48 %
   - Médicaments = 14 %
   - Secteur privé : consultations = 12 %
   - Infirmiers, kiné = 3 %
   - Analyses, transports, prothèses = 7 %
   - Indemnités journalières = 6 %
5. Nous avons démontré le processus dans le chapitre 3.

L'impôt sort des poches d'une personne morale ou physique, il entre dans celles du système de répartition qu'est l'État et son administration pour ensuite se retrouver dans d'autres poches… être dépensé dans la société civile puis retourner en partie dans le public sous forme d'impôts et taxes… Il n'y a pas de monnaie qui « disparaisse », il n'y a que de la monnaie qui est redistribuée sur d'autres critères. Avouons-le, nous sommes plus spontanément portés à voir ce que nous payons que ce dont nous bénéficions, d'autant plus que, dans le cas de l'impôt, on se situe dans le cadre de la solidarité nationale et que payeurs et bénéficiaires ne sont pas les mêmes. Quoique… Sur la durée, l'équipement collectif ne profite-t-il pas à tous de la même manière, riches et pauvres ? Car bien des infrastructures dont nous profitons aujourd'hui ont été financées et créées avant nous.

Ainsi, la fiscalité n'est qu'une question de redistribution nationale dont chacun bénéficie alors qu'elle est souvent perçue comme confiscatoire. L'essentiel des redistributions s'incarne dans des services et des infrastructures dont nous n'estimons la valeur que lorsque nous en avons besoin. Et encore ! Car dans la plupart des cas, tout est là et fait tellement partie de notre quotidien que nous ne le voyons même plus, comme ce trottoir, ce tout-à-l'égout, cette route, cet éclairage urbain, cette école. Demandez au milliard de personnes qui n'a pas accès à l'eau courante s'il ne préférerait pas avoir un impôt à payer ?

La question politique récurrente est donc la suivante : quels services voulons-nous et quels sont ceux que nous voulons voir gérés par la sphère publique ? Car, en payant moins d'impôts, nous réduirons les ressources de l'État, et ce dernier fournira évidemment, moins de services. Accepterons-nous, en contrepartie, moins de professeurs, d'infirmiers, de routes aménagées, de policiers, de juges ou d'armée ? Ne perdons pas de vue que l'impôt reflète la gamme des services publics que nous souhaitons, à l'exception près des gaspillages qui alourdissent inutilement la facture et dont il ne serait pas vain de s'occuper [6]. En fin de compte, n'est-ce pas la question de savoir si nous ne devrions pas payer plus d'impôt qu'il faudrait se poser ? Car l'équilibre budgétaire n'est pas réalisé, ne l'oublions pas ! Si l'encaisse fiscale prévoit en 2006, 282,6 G€, les dépenses sont estimées à 329,5 G€. Voilà un déficit de 46,9 G€ à financer par emprunt, donc une augmentation de cette dette [7] dont les intérêts mobilisent une part croissante des ressources budgétaires [8] (12,4 % du total des dépenses) et dont le deuxième effet est de creuser la fracture entre riches et pauvres.

---

6. Notons, toutefois, que les gaspillages ne sont pas l'apanage du public, ils existent tout autant dans le privé, mais on en parle moins.
7. Les questions et idées fausses sur la dette publique ont été examinées au chapitre 4.
8. Projet de loi de finances pour 2006.

Si nous voulons moins d'impôts, nous devrons accepter, soit la disparition de certains services, soit leur transfert vers le privé où tout porte à croire que nous devrons les payer plus cher, si nous en avons les moyens. La question centrale est donc de définir le type de société que nous souhaitons : plus solidaire ou chacun pour soi ?

■ SORTIR DES SENTIERS BATTUS

L'un des arguments récurrents utilisés pour inciter à privatiser le système des retraites et le système de protection de santé est que le nombre des actifs par rapport à celui des bénéficiaires est en constante diminution. Selon une étude de l'Insee, il y aura 1,4 actif pour un inactif de plus de 60 ans en 2050, contre 2,2 en 2005. Sous-entendu : les actifs ne pourront pas payer les retraites. Quant à la Sécurité sociale, il n'y a pas une émission de télévision ou de radio, sans que de doctes économistes ou tout aussi doctes hommes politiques ne viennent nous rebattre les oreilles avec «le *trou de la Sécu*. Pour un mensonge, en voilà un beau ! Car ce soi-disant déficit n'a aucun sens si ce n'est « comptable ». Il n'est dû qu'au fait que le budget de la Sécurité sociale est séparé du budget national. Parle-t-on du « trou de l'Armée », ou de celui de la Justice ou de l'Éducation nationale ? Faut-il rappeler une fois encore que le « côté face » d'un coût est une recette équivalente ? Lorsque la Sécurité sociale paye un médicament ou une visite chez le médecin, l'argent « dépensé » revient dans le circuit économique général de la nation et participe à son enrichissement. « *Le trou de la Sécu » n'est rien d'autre qu'une différence comptable entre les entrées et les sorties. Il n'y a à aucun moment « évaporation » de la monnaie, donc « coût » réel pour la société dans son ensemble.*

Mais revenons à ce qui nous est présenté comme une impasse : le nombre insuffisant d'actifs cotisants. La privatisation est-elle la seule issue ? C'est faire preuve de bien peu d'imagination. Si, à l'origine, il était tout à fait logique d'asseoir le recouvrement des cotisations sociales sur les salaires, puisqu'à cette époque on connaissait le plein emploi et que la part de la main-d'œuvre représentait la majeure partie du prix des choses, il n'en n'est plus de même aujourd'hui. L'évolution des technologies qui a permis une amélioration de la productivité équivalente à la croissance, fait que maintenant la part du travail dans un prix est bien moindre [9] et que les choses vont continuer dans ce sens. Où est l'impasse ? Il n'y a qu'à s'adapter aux spécificités de notre temps. Si l'on veut des services publics de qualité, ouverts à tous sans distinction, il suffirait d'élargir l'assiette de recouvrement et ceci serait possible par l'instauration de ce que l'on

9. Nous avons donné des éléments d'appréciation dans le chapitre 6.

appelle la « TVA sociale ». Voici ce qui est dit à ce sujet dans le Manifeste contrib[illegible] olitique européenne de [illegible] le[10] :

[illegible] tion active dans la po- [illegible] allongement de la durée [illegible] ps consacré au travail [illegible] il devient irréaliste de [illegible] ociales principalement [illegible] te mesure pénalise for- [illegible] tique sociale à laquelle [illegible] s judicieux de taxer la [illegible] imilaires à celles de la [illegible] e avantage :

[illegible] otisations (la totalité [illegible] ule part attribuée au

[illegible] étaxation des expor-

[illegible] te et non plus de la [illegible] on négligeable pour [illegible] èrement pour la re-

10. Disponible au Centre international Pierre Mendès France pour l'étude des mutations – 266, Bld St Germain – 75007 – PARIS – Également accessible sur Internet à l'adresse suivante : http://www.chomage-et-monnaie.org/Penseurs.html

Contrairement à une idée reçue, la modification de l'assiette d'imposition n'aurait pas d'impact sur l'indice moyen des prix à la consommation pour les productions nationales, puisque les charges prélevées actuellement sur les salaires sont, bien évidemment répercutées dans les prix de vente. […] Il ne s'agit donc pas d'un prélèvement nouveau mais simplement d'une modification du calcul et de l'assiette des cotisations qui seraient toujours payées par les entreprises aux organismes sociaux concernés.

Ainsi, passer d'une fiscalité sur la consommation plutôt que sur le revenu du travail, représenterait une solution facile à mettre en œuvre puisque la logistique nécessaire au recouvrement existe déjà et permettrait de résoudre les questions qui restent à ce jour sans réponse. Pourquoi n'est-ce pas plus évoqué ? Serez-vous surpris si nous disons que la raison principale est idéologique ?

- D'un côté, la TVA sociale se heurte à l'idéologie néolibérale, dont le credo est « moins d'État, plus de marché ». Bien sûr, si l'on y regarde de plus près une fiscalité sur la consommation ferait participer, à un niveau beaucoup plus important la classe possédante car, s'il est relativement aisé pour les plus riches d'échapper à l'impôt par toutes sortes d'artifices actuellement, ils ne pourraient plus y échapper à moins de ne rien consommer dans le pays, ce qui serait, avouez-le, beaucoup plus difficile et peu dans leurs habitudes. En revanche une privatisation des services publics présente, pour eux un double avantage, comme nous l'avons déjà expliqué[11], moins d'impôts à payer et une source supplémentaire de revenus.

- De l'autre, la TVA sociale se heurte à l'idéologie prolétarienne, ancrée sur la seule volonté de faire payer le riche pour aider le pauvre. Il y a donc refus, *a priori*, de toute forme d'impôt sur la consommation considéré comme injuste, car faisant contribuer le pauvre au même niveau que le riche.

Dans ces conditions, il est évidemment peu probable qu'elle voit le jour puisqu'elle n'est envisageable ni par les uns ni par les autres, du moins par les courants de pensée extrémistes agissant. Peut-être aurait-elle une chance si elle était portée sur la place publique et démocratiquement examinée. Mais les idéologues veillent à ce que tel ne soit pas le cas.

■ SI LES « DIEUX SONT TOMBÉS SUR LA TÊTE », L'HOMME DEVAIT LEUR SERVIR DE CASQUE !

Mais la question ne se limite pas à un arbitrage entre « État » et « privé », à un simple conflit de classe sociale ou d'idéologie politique. Voilà donc des personnes qui ont fait de longues et hautes études qui, auréolées de gloire et bien

---

11. Voir chapitre 4.

mises dans leur costume ou tailleur de marque, aidées par une armée d'assistants, d'experts et consultants, se réunissent depuis des années, en vain, pour résoudre le casse-tête suivant : où trouver l'argent qui permettrait de financer les solutions aux problèmes de notre temps (santé, retraites, emploi, préservation de l'environnement, misère dans le monde…) – argent qui, oublient-ils de préciser, ne coûte que le temps et l'effort nécessaire pour en saisir le montant sur un clavier d'ordinateur ; pas même besoin d'une fée avec baguette magique, on peut se débrouiller tout seuls. Heureusement que l'homme s'est lui-même couronné des lauriers de l'intelligence, car s'il avait dû passer devant un jury, il aurait probablement glané ceux de la bêtise… avec mention !

Voilà qu'au XXIe siècle, à un moment où tous les clignotants passent au rouge, nous cultivons les ingrédients du chaos et du malheur, par incapacité à sortir d'un concept passéiste de l'argent. Nous nous comportons comme s'il était encore matériel. Quand il était en or, ou adossé à lui, la richesse dépendait de sa quantité ; quand la taille du gâteau est figée, on est bien obligé de jouer sur la grosseur des parts que l'on sert. Dans ce cas, la logique de « redistribution » de la richesse globale s'impose, car on ne peut pas inventer ce qui n'existe pas ; on doit « faire avec ce qu'on a ». Mais comme nous n'avons cessé de le souligner, l'argent moderne est totalement dématérialisé, de sorte que dans l'absolu, la quantité disponible dépend exclusivement de celle qu'on décide de créer ! Le bon sens voudrait donc que l'on passe de la logique de « redistribution » à celle de « création ». *Le monde se heurte aujourd'hui contre un mur qui n'existe pas, ou plutôt qui n'existe que dans notre tête.* La vraie question n'est pas l'argent mais le choix des solutions. Quel objectif veut-on atteindre ? Quels moyens peut-on mettre en œuvre ? Lequel prend le mieux en compte l'intérêt particulier et l'intérêt général ? A-t-on les connaissances, les ressources humaines nécessaires ? Telles sont les seules questions auxquelles il deviendrait plus qu'urgent de répondre. Quant à l'argent ? Une fois le projet arrêté et chiffré, il suffirait de le créer. Autrement dit, la fiscalité changerait de nature. Sa vocation ne serait plus de redistribuer autrement une part de la richesse, elle serait d'orienter la production et la consommation dans des voies potentiellement épanouissantes et durables pour tous, en taxant ce qui s'y oppose et en subventionnant, si nécessaire, ce qui y concourt.

Mais de cela, on est bien loin. Fondés sur l'héritage d'un passé révolu, prisonniers de ses dogmes idéologiques, victimes de ses peurs de manquer, nos esprits se focalisent sur la résolution de problèmes qui n'existent pas mais qui les accaparent assez pour les empêcher de se préoccuper

« intelligemment » de ceux qui constituent une menace de plus en plus précise pour l'avenir.

Vous ne pouvez pas croire que la question puisse se résumer à quelque chose d'aussi « simple » ? Demandez-vous ce qui arriverait si demain on abandonnait un système qui rend l'argent artificiellement rare ? Vous comprenez maintenant ? Il perdrait la valeur que seule la rareté lui confère, faisant perdre du même coup et les privilèges et le pouvoir de ceux qui le possèdent. Pas étonnant dans ces conditions que le cerveau de l'élite mondiale « décroche » et entretienne le mythe de l'argent rare, car c'est à lui qu'elle doit son élitisme. Ne serait-on pas atteint du même syndrome, à sa place ?

Non, nous ne sommes pas victimes, nous sommes juste endormis, manipulés par le discours ambiant. Mais aucun pouvoir en place ne saurait s'opposer à l'éveil des consciences ; la clé est là, à portée de main. À chacun d'entre nous de devenir porteur conscient de l'idée de restauration des nations dans leur pouvoir de création monétaire, à chacun d'entre nous de devenir porteur conscient des vraies questions.

MENSONGE N° 10

La mondialisation, une promesse de prospérité pour tous les peuples

GHANA – Dans ce pays, plus de 50 % de la population vit avec moins d'un euro par jour. Un tiers des habitants n'a pas accès à une eau saine et 70 % n'a pas accès aux services d'assainissement. Une étude récente menée par le *Ghana based Integrated Social Development Center* (ISODEC) dans cinq quartiers de la capitale, Accra, démontre que les ménages pauvres consacrent entre 18 et 25 % de leur revenu au seul paiement du service de l'eau. Dès lors, comment imaginer que, pour des raisons de rentabilité, l'eau devienne encore moins accessible ?

Les premières « réformes » du secteur, et notamment la politique de « recouvrement des coûts »[1] promue par la Banque mondiale, ont déjà entraîné le doublement des prix de l'eau en trois ans ! L'objectif, clairement, affiché est de privatiser la gestion du service, quitte à ignorer l'avis et nier l'intérêt des premiers concernés, à savoir les consommateurs et citoyens ghanéens.

Pourtant, les exemples des effets néfastes de la privatisation de l'eau sur les populations ne manquent dans le monde. Plusieurs multinationales ont déjà joué un rôle majeur dans ces privatisations : la française Suez-Lyonnaise des Eaux (en Argentine et aux Philippines), l'anglaise Biwater (en Afrique du Sud), la nord-américaine Bechtel (en Colombie). Le résultat est immuable : le prix de l'eau augmente et ceux qui ne peuvent plus payer ne bénéficient plus du service. Les Ghanéens savent donc ce qui les attend si le projet de privatisation aboutit.

Pour mieux se faire entendre, ils ont lancé une coalition nationale contre la privatisation en 2001. Dans un document intitulé *Pourquoi la privatisation au Ghana doit être*

---

1. Les pays fortement endettés obtiennent le soutien de l'aide internationale à condition d'accepter les « ajustements structurels » que leur imposent la Banque mondiale et le FMI. Il s'agit de forcer l'État redevable à mettre en œuvre toutes sortes de mesures visant à récolter assez d'argent pour permettre le paiement des intérêts de la dette, à défaut de pouvoir la rembourser.

stoppée, ces citoyens reconnaissent que le secteur public de l'eau doit être réformé d'urgence. Mais ils estiment que tout changement doit d'abord avoir pour objectif de garantir pleinement le droit à l'eau potable[2]. Or, le projet proposé par la Banque mondiale est jugé insatisfaisant pour quatre raisons.

- Premièrement, il résulte d'une vision étroite de la « réforme », vue sous le seul angle de la libéralisation, et cela sans avoir étudié les autres modes de gestion envisageables.
- Deuxièmement, il est largement imposé par des intérêts extérieurs à travers un processus opaque et en l'absence de tout débat démocratique.
- Troisièmement, il représente un mauvais choix financier, car il alourdira la dette du pays (un prêt de 103 millions de dollars est prévu), et technique car il néglige le système d'assainissement.
- Enfin, les conditions tarifaires envisagées risquent de priver les pauvres de l'accès à une eau saine[3].

---

2. Le Comité des Nations unies pour les droits économiques, sociaux et culturels a reconnu l'accès à l'eau et à l'assainissement comme un droit fondamental de l'être humain.
3. Il s'agit là du résumé d'un message d'appel à soutien international contre la privatisation de l'eau au Ghana lancé par cette coalition citoyenne, relayée par les organisations : Les Amis de la terre : www.amisdelaterre.org - World Development : www.wdm.org - Water for All campaign : www.wateractivist.org – Cyber@cteurs : www.cyberacteurs.org

MALI – Ingénieur d'exploitation du chemin de fer, Tiécoura Traoré est à l'initiative du lancement du Collectif citoyen pour la restitution et le développement intégré du rail malien (Cocidirail), fondé le 31 août 2003.

À la période coloniale, la liaison ferroviaire de l'Afrique-Occidentale Française fut l'outil permettant l'exportation des matières premières et l'importation d'intrants et de produits finis. Après la Seconde Guerre mondiale de nouveaux États ont pris la place des anciennes colonies. Le Mali et le Sénégal, pour ce qui concerne cette région, ont chacun créé leur propre régie de chemin de fer, exploitant les portions de ligne se trouvant sur leurs territoires respectifs. L'histoire de la Régie de chemin de fer malien a malheureusement été ponctuée de scandales financiers et ses caisses bien souvent prises en otage par les pouvoirs politiques qui se sont succédés. C'est ainsi que le chemin de fer malien, doté d'un patrimoine estimé à 105 milliards de francs CFA a été bradé à Transrail[4] pour 7 milliards, payable à crédit sur l'exploitation à venir de la ligne et sur sept ans. Certes, depuis la privatisation, le trafic de marchandises a été multiplié par six.

4. Transrail était initialement une société de droit malien, détenue par des actionnaires canadiens et français (CANAC et GETMA). Les Français de GETMA ont cédé leurs actions au groupe J.LEFEBVRE (bâtiment et café), proche d'Abdoulaye Wade, président du Sénégal, qui a vendu à la S.N.C. EUROVIA son fonds industriel et commercial de travaux publics. Les canadiens CANAC ont été, à leur tour, rachetés par l'américain SAVAGE COMPAGNIES… Une affaire que l'on s'arrache pour la raison qu'elle a enregistré en deux ans des résultats financiers en progression de 75 %.

Mais le trafic voyageur est totalement laissé à l'abandon. Plus des deux tiers des gares et haltes ont été fermés (26 sur 36) dans ce pays où le rail représentait l'un des principaux moyens de circulation. De nombreux villages sont inaccessibles par la route et c'est autour du rail que se sont développés des villages, des vergers, toute une série d'activités économiques aujourd'hui gravement menacées.

Mais pas question pour Transrail d'investir dans le « trafic-voyageurs », qui n'est pas estimé assez rentable et qui réduirait les profits de l'entreprise. Ce sont donc le Sénégal et le Mali qui s'endettent à hauteur d'une vingtaine de milliards de francs CFA pour l'achat de locomotives et voitures destinées à ce transport. Voilà au total une privatisation où l'acheteur prend tout à crédit, se fait financer par le vendeur non seulement les investissements qui lui incombent, mais encore les services qu'il doit lui rendre. Transrail n'apporte pas un sou et est venu juste pour ramasser les bénéfices colossaux d'environ un milliard de francs CFA par mois que lui procure le « trafic-marchandises » qui a, de tout temps, été rentable [5].

5. Résumé de l'appel de COCIDIRAIL à soutien international de leur action : cocidirail@yahoo.fr – relayé par les organisations ATTAC : www.attac.org & cyberacteurs : www.cyberacteurs.org

■ ON EN PARLE BEAUCOUP, MAIS DE QUOI S'AGIT-IL ?

Des histoires comme celles que nous venons de conter sont légion ; parfois infiniment plus choquantes. Mais vous le savez, nous abordons là un point particulièrement sensible qui divise l'opinion jusqu'à entraîner des affrontements musclés. D'un côté les « pro-mondialisation », de l'autre les « anti » et les « alter » mondialistes[6]. Inutile de tourner autour du pot, notre sensibilité est « altermondialiste » ; vous vous en seriez douté, non ? De sorte que nous ne voyons pas de mensonge au premier degré dans l'affirmation que « la mondialisation soit une promesse de prospérité pour tous les peuples ». Le « mensonge » se cache derrière les mots car, là encore, nous en revenons à ce qu'ils revêtent, tels que les mots « profit », « croissance » ou « social » dont nous avons vu qu'il est aisé de leur donner des sens différents au point d'être contradictoires. Le ver est dans le fruit, pas dans l'apparence du fruit. Il ne s'agit donc pas d'être « pour » ou « contre » mais de faire un peu la lumière pour tâcher de se mettre d'accord sur un contenu qui pourrait rassembler assez pour influencer le cours des choses.

Certains pensent que la mondialisation est un processus qui a commencé avec l'homme et qui prend forme peu à peu

6. « Anti » et « alter » ne regroupent pas les mêmes personnes. Les « anti » refusent toute idée de mondialisation, ils ont une vison nationaliste ; les « alter » sont favorables à la mondialisation mais « autrement » (*alter* = autre, en latin).

au fil de l'histoire. On peut le penser mais nous en doutons, ne serait-ce que parce que le terrien a pendant très longtemps ignoré ce qu'était « le monde ». La mondialisation, dans sa forme actuelle, est selon nous un pur produit du capitalisme. Le capitalisme se définit par la propriété privée des moyens de production. Bien ! Mais qui dit propriété des moyens de production, dit aussi rôle essentiel du « profit », car c'est l'indicateur qui permet de dire si une entreprise est adaptée au marché ou non. Denis Clerc dit à ce propos[7], *C'est la rentabilité du capital investi qui est à l'origine du déclin ou de l'expansion des entreprises, des branches ou des régions. La recherche appliquée, l'embauche ou le licenciement, dépendent du taux de profit. Dans les entreprises classiques du système capitaliste, la plupart des décisions sont finalement prises en fonction de leur incidence attendue sur le taux de profit.*

Ainsi, tant que le retour sur investissement correspond globalement aux attentes des actionnaires, il y a maintien du système en place. C'est ce qui s'est produit après la Deuxième Guerre mondiale, époque qui consacre le triomphe du système capitaliste dans le monde occidental. Non seulement les profits ne cessent de grossir, mais c'est aussi l'époque où les conquêtes sociales sont les plus importantes[8]. Bien sûr,

---

7. Dans son livre *Déchiffrer l'économie,* aux éditions Syros, déjà cité.
8. La reconstruction, une industrie en pleine modernisation, une demande forte soutenue par une société en pleine mutation découvrant les plaisirs de la consommation… sont bien sûr prédominants dans ce phénomène.

le plein emploi permet un meilleur rapport de force entre capital et travail, mais les affaires sont alors si juteuses que les patrons préfèrent céder aux exigences plutôt que risquer le coût d'un conflit.

Mais voilà qu'en 1965, la rentabilité des capitaux investis chute brutalement aux États-Unis, phénomène qui gagnera l'ensemble du monde occidental et en particulier l'Europe peu après. Accident de parcours ? Eh non… ! Les profits continuent de baisser et le phénomène durera 10 ans. Dans la logique capitaliste « l'indicateur profit » montre une chose : le capitalisme est en crise. Le modèle « keynésien » d'après-guerre ne fonctionne plus, il faut passer à autre chose… d'autant plus que la crise pétrolière aidant, l'inflation s'envole ; or nous vous rappelons que l'inflation n'est pas du tout populaire chez les possédants pour lesquels elle joue comme un impôt sur la fortune.

Vous comprenez maintenant pourquoi Milton Friedman, avec sa théorie monétariste a fait figure de sauveur ? Il devient le maître à penser de « l'élite » économique et politique qui adopte ses idées et prend trois séries de mesures principales[9] :

---

9. Ce qui suit est inspiré d'un document que Jean-Marie Harribey a écrit sous le titre *La mondialisation capitaliste : malheur aux vaincus,* pour le Conseil économique et social de la région Aquitaine. Jean-Marie Harribey est professeur agrégé de Sciences économiques et sociales, maître de conférences en Sciences économiques à l'université Montesquieu-Bordeaux IV, Centre d'économie du développement, membre de la rédaction de la revue Le Passant Ordinaire, membre du conseil scientifique d'ATTAC, membre de la Fondation Copernic.

- Complète libéralisation des mouvements de capitaux par suppression des obstacles s'opposant à leur libre circulation et en particulier, les contrôles des changes que tous les États avaient obligation d'exercer selon les accords de Bretton Woods (1944).
- En 1979, brutale augmentation du taux d'intérêt de la Federal Reserve (Banque centrale américaine) pour casser la dynamique inflationniste [10] et inverser le rapport de force entre prêteurs et créanciers [11].
- Donner une nouvelle orientation aux politiques économiques et sociales pour rendre le travail plus « efficace » et « productif ». Il s'agit bien sûr de faire baisser les salaires, mais aussi d'assouplir les législations du travail, l'appareil de protections sociales, et plus généralement tout ce qui peut nuire à la rentabilité de la production. Car il est apparu une chose évidente : le monde occidental est maintenant reconstruit et nanti. Pas question de s'enfermer frileusement derrière ses frontières. Si l'on veut un profit à la hauteur des appétits, il faut s'ouvrir sur le monde ou, pour être plus juste, utiliser le monde. Pour cela il faut tirer profit de l'émergence de nouveaux pays et régions à

10. Augmenter le taux d'intérêt revient à rendre le crédit plus cher. Cela décourage l'investissement et la consommation. La demande, moins forte, est sensée faire baisser les prix.
11. C'est ce que nous avons fait valoir, entre autres dans le chapitre 8, en soulignant que l'inflation profite à l'emprunteur plus qu'au prêteur.

meilleur potentiel de plus-value en mettant en concurrence toutes les forces du travail dans le monde. Le processus initié alors est toujours en cours, ce qui explique, à défaut de la légitimer, la politique européenne actuelle. Autrement dit, conclut Jean-Marie Harribey,… *ce qui est appelé mondialisation de l'économie ne recouvre pas seulement l'augmentation des échanges commerciaux qui serait un simple prolongement de la tendance millénaire à l'œuvre depuis l'Antiquité, comme le croient faussement naïvement bon nombre d'observateurs et même Amartya Sen, prix Nobel d'économie et nouvelle coqueluche de la « bien-pensance » mondiale. Il s'agit, en fait, d'une phase bien spécifique de l'histoire du capitalisme impulsée pour sortir celui-ci de la grave crise structurelle amorcée il y a plus de trente ans.* Cela explique aussi le « dogmatisme » des positions que nous n'avons cessé de dénoncer dans ce livre.

■ LA MONDIALISATION DU PIRE

Au début de 1981, le gouvernement Roldos présenta formellement au Congrès équatorien sa nouvelle loi sur les hydrocarbures. Si celle-ci était appliquée, elle réformerait la relation de l'Équateur avec les compagnies pétrolières. […] La réaction des compagnies pétrolières était prévisible : elles firent le maximum pour empêcher l'adoption de cette loi. Leurs services de relations publiques se mirent à l'œuvre afin de diffamer Jaime Roldos. Leurs lobbyistes se précipitèrent à Quito et à Washington avec des valises pleines de menaces et de pots-de-vin. On dépeignit le premier président démocratiquement élu de l'Équateur moderne comme un nouveau Castro. Mais Roldos ne céda pas à l'intimidation […] Il réagit en dénonçant la conspiration […] Quelques semaines après avoir présenté son projet de loi au Congrès et quelques jours à peine après avoir expulsé les missionnaires du SIL [12]*, Roldos prévint tous les intérêts étrangers, dont évidemment les compagnies pétrolières, qu'ils devraient quitter son pays s'ils ne mettaient pas en œuvre des plans susceptibles d'aider la population de l'Équateur. Il prononça un grand discours au stade olympique Atahualpa, à Quito, après quoi il se dirigea vers une petite communauté*

12. Summer Institute of linguistics – *Mission officiellement en place pour étudier les langues indigènes, mais chaque fois qu'un gisement de pétrole était localisé, les missionnaires arrivaient comme par enchantement pour inciter les populations à quitter leur territoire contre la promesse d'avantages…* précise John Perkins.

située dans le sud du pays. Il y mourut dans un accident d'hélicoptère, le 24 mai 1981. [...]

Deux mois après la mort violente de Roldos, le cauchemar d'Omar Torrijos se réalisa : il mourut dans un accident d'avion. C'était le 31 juillet 1981. L'Amérique latine et le reste du monde furent ébranlés. Torrijos était connu et respecté partout dans le monde parce qu'il avait forcé les États-Unis à restituer le canal de Panama à ses propriétaires légitimes et qu'il continuait à tenir tête à Ronald Reagan.

Ces évènements sont rapportés par John Perkins dans son livre *Les confessions d'un assassin financier* publié aux éditions *al*Terre. John Perkins sait de quoi il parle, car il fut lui-même ce qu'il appelle « un assassin financier » en tant que chef économiste au sein d'une firme privée de consultation internationale – MAIN – en réalité sous-marin d'organismes comme la Banque mondiale, le Fonds monétaire international, le département du Trésor américain. En quoi consistait son travail ? Le mieux est de lui rendre la parole [13] :

Mon travail comportait deux objectifs principaux. Premièrement, je devais justifier d'énormes prêts internationaux

---

13. Après avoir longtemps gardé le silence (on comprend pourquoi...), rongé par sa conscience, John Perkins a décidé de dévoiler au grand jour les manipulations machiavéliques qui se cachent derrière la « globalisation » (mondialisation) et sous les apparences nobles et généreuses de l'aide aux pays pauvres... C'est ainsi qu'il raconte l'affaire du blanchiment d'argent saoudien, la chute du shah d'Iran, l'invasion du Panama par l'armée américaine après la mort de Torrijos pour reprendre le contrôle du canal, les évènements qui ont conduit à l'invasion de l'Irak en 2003...

dont l'argent serait redirigé vers MAIN et d'autres compagnies américaines (comme Bechtel, Halliburton, Stone & Webster et Brown & Root) par le biais de grands projets de construction et d'ingénierie. Deuxièmement, je devrais mener à la banqueroute les États qui recevraient ces prêts (après qu'ils auraient payé MAIN et les autres entreprises américaines, évidemment), de sorte qu'ils seraient à jamais redevables à leurs créanciers et constitueraient donc des cibles faciles quand nous aurions besoin d'obtenir leurs faveurs sous la forme de bases militaires, de votes aux Nations unies, ou de l'accès au pétrole et à d'autres ressources naturelles. [...] L'aspect clandestin de chacun de ces projets, c'est qu'ils avaient pour but de générer d'énormes profits pour les entreprises et de rendre heureuses une poignée de familles riches et influentes du pays récipiendaire, tout en assurant la dépendance financière à long terme et donc la loyauté politique de plusieurs gouvernements du globe. Le montant du prêt devait être le plus gros possible. On ne tenait nul compte du fait que le fardeau de dettes du pays récipiendaire priverait ses plus pauvres citoyens de soins de santé, d'éducation et d'autres services sociaux pendant des décennies.

Mais pourquoi cette appellation « d'assassin financier » ? En premier, car il s'agissait d'une forme d'assassinat de la souveraineté des Nations ciblées, en second, parce que les conséquences d'une résistance ou d'un refus des instances dirigeantes pouvaient aller jusqu'au meurtre (laissé au soin de la CIA)... comme ce fut, entre autres le cas, selon le témoignage de John Perkins, pour les présidents de l'Équateur et du Panama.

Cela vous semble peut-être énorme et relever plus d'une fiction à la James Bond que de votre réalité quotidienne. Vit-on vraiment dans un monde comme celui-là ? Sommes-nous à ce point manipulés par une clique de « Tartuffe » ? Ne nous laissons pas entraîner sur la pente facile des « méchants » contre les « gentils ». John Perkins le dit lui-même. Seule une poignée de personnes est mise au courant du plan d'ensemble. L'organisation du système est ainsi conçue que les tâches sont réparties et atomisées, de sorte que chacun, à son niveau, non seulement ne sait pas à quoi il participe, mais, en plus, croit fermement contribuer à une œuvre honorable. Quant aux personnes informées, elles ne sont pas plus mauvaises que les autres, elles sont juste prisonnières de l'idéologie à laquelle elles adhèrent, au point d'en devenir les grands prêtres. À ce stade « l'intérêt supérieur » de la cause est suffisamment aveuglant pour rendre le mensonge et l'odieux acceptables. Joseph Stiglitz [14], ancien vice-président de la Banque mondiale, dont il démissionna en

---

14. Joseph Stiglitz est docteur en économie ; ancien vice-président et chef économiste de la Banque mondiale – professeur d'économie à l'université de Columbia – New York. Il est aujourd'hui l'un des plus célèbres économistes du courant des « nouveaux keynésiens ». Tout en n'étant pas altermondialiste, il collabore avec les forums sociaux et partage certaines analyses : il est partisan d'une taxe (Tobin ou équivalente) sur les transactions financières et pour une régulation de la mondialisation. Auteur de plusieurs ouvrages, dont *La Grande désillusion,* en 2002, chez Plon, traitant de la mondialisation et des raisons de l'échec de la politique de la Banque mondiale.

2000, le souligne dans son livre *La grande désillusion*, paru chez Plon. Interrogé sur la question de savoir pourquoi la Banque mondiale persistait dans l'application de sa politique « d'aide aux pays pauvres » en dépit de trente ans d'échecs, il explique que l'on a affaire là à un monde très fermé, composé de personnes « sous influence » de l'idéologie ultralibérale. S'il y a échec, ce n'est pas la « recette » qui est mauvaise, c'est le « bénéficiaire » qui ne sait pas bien l'appliquer ou qui ne l'applique pas complètement [15]. Mais l'éclairage qu'apporte John Perkins démontre que ce que nous considérons comme un échec, puisque les pays pauvres sont aujourd'hui encore plus démunis, est en réalité un succès de la politique de globalisation car elle assure aux pays dominants [16] :

---

15. La recette est toujours la même et correspond à ce que décrit John Perkins. Tout commence par un programme d'investissement censé aider le pays à se développer, financé par un prêt. Puis le pays ne peut pas payer ses dettes… nous savons maintenant pourquoi… Intervention de la Banque mondiale ou autre qui, cette fois, intervient en position de force et propose une nouvelle aide à condition que le pays accepte les « ajustements structurels » qu'elle lui demande. Ces ajustements visent à orienter l'économie du pays vers l'exportation, de façon à ce que qu'il ait plus de devises permettant le remboursement de la dette : orientation de l'agriculture nationale (au détriment des cultures vivrières) vers des productions exportables sur un mode intensif générateur de surcoûts en matériel, pétrole et engrais chimiques, vendus par les pays riches ; privatisation des entreprises d'État ; diminution ou abandon des subventions, facturation des services publics gratuits auparavant ou augmentation du prix de ces services (entre autres l'éducation) ; ouverture du marché intérieur aux investisseurs étrangers ; déréglementation… etc. La conséquence systématique est un appauvrissement encore plus grand du pays, au détriment des plus pauvres, et une nouvelle forme de colonisation exercée par les « généreux bailleurs de fonds ».

16. Il ne s'agit pas seulement des États-Unis. Sans doute sont-ils les plus habiles et détiennent-ils les meilleurs atouts à ce jeu ; si nous avons beaucoup parlé d'eux, c'est aussi que l'expérience de J.Perkins est américaine. Mais toutes les grandes puissances sont engagées dans le même processus et utilisent les mêmes « arguments ».

- un pouvoir politique sur une partie de l'échiquier mondial, bien supérieur à celui que pourrait apporter une colonisation;
- l'accès à des matières premières et des ressources énergétiques, dont les cours sont le plus souvent fixés par eux;
- une rente « à vie » car, faute de pouvoir rembourser le capital, les pays emprunteurs ne remboursent que l'intérêt qui à, la longue se monte à plusieurs fois le capital emprunté… Pourvu que ça dure !
- un moyen de chantage « à la délocalisation » qu'ils peuvent exercer sur leur propre population pour l'amener à accepter des salaires plus bas et des conditions de travail plus rentables.

Il est intéressant de constater que de plus en plus de personnes « bien placées », le plus souvent anciennes adeptes de la grande secte néolibérale, se mettent à parler quand « l'intérêt supérieur » n'est plus assez puissant pour anesthésier les souffrances de leur conscience. En réalité, il ne s'agit pas de croire ou de ne pas croire ce qu'elles disent, il s'agit simplement de regarder, en prenant de la distance, ce qui se passe dans le monde depuis une cinquantaine d'années, d'écouter avec cette même distance les discours « politiquement corrects », de mettre en perspective, et l'on comprend alors que tout cela est parfaitement cohérent avec la pensée dominante du moment. Le rouleau compresseur est en marche, ce qui fait dire à Jim Garrisson[17], président du Forum sur l'état du monde : *L'intégration du monde dans son ensemble, particulièrement en termes de globalisation économique et au regard du mythe du capitalisme de « libre marché », représente un véritable « empire » en soi. [...] Aucun pays du globe n'a pu résister à l'attrait puissant de la globalisation. Quelques-uns ont pu échapper aux « ajustements structurels » et aux « conditions » de la Banque mondiale et du Fonds monétaire international ou à l'arbitrage de l'Organisation mondiale du commerce, toutes ces institutions financières internationales qui, bien qu'inadéquates, déterminent encore et toujours la signification et les règles de la globalisation économique, et décident qui sera récompensé pour sa soumission et qui sera puni pour infraction. Le pouvoir de la globalisation est tel que nous verrons sans doute de notre vivant l'intégration, fût-elle inégale, de toutes les économies nationales du monde en un seul système global de libre marché.*

17. *American Empire : global Leader or Rogue Power ?*, San Francisco, Éditions Berret-Koehler Publishers inc. – Citation tirée du livre de J. Perkins.

LA MONDIALISATION DU MEILLEUR

Danemark – Écoparc de Kalundborg [18]

Kalundborg est l'une des principales zones industrielles du Danemark, composée de neuf entreprises indépendantes, dont les plus importantes raffineries et centrales thermiques du pays. Elle est montrée en exemple depuis plus d'une décennie comme modèle de coopération écologique et économique. […] L'écoparc est le résultat heureux de trois décennies de prises de conscience et d'efforts qui ont vu, peu à peu, se développer des projets d'échange d'eau, de déchets ou d'énergie entre sites de production. Dans ce parc original, le déchet d'une usine devient ressource d'une autre. Et des boucles de réutilisation permettent de diminuer les consommations de matières et d'énergie. […] Ce sont désormais 23 projets de collaboration (dix sur la gestion partagée de l'eau, sept sur l'énergie et six sur les déchets) qui permettent une réduction globale de l'impact environnemental du site de Kalundborg. […] Tous les projets sont nés de la volonté d'éviter les gaspillages. Ils ont systématiquement été accompagnés d'études détaillées de faisabilité et de contrats précis entre les acteurs. […] D'un point de vue économique, toutes ces initiatives sont rentables et le retour sur investissement très rapide.

---

18. Nous citons ici quelques passages du livre de Sylvain Darnil et Mathieu Le Roux, *80 hommes pour changer le monde*, paru aux éditions JC Lattès.

Los Angeles – États-Unis

Dov Charney est un original [...] Sa passion pour le T-shirt le pousse à quitter les bancs de l'université du Michigan. [...] Il étudie comment fonctionnent les grands acteurs de ce marché. [...] Il observe que tous ces industriels sous-traitent leur production dans les pays à bas salaires. [...] Il décide alors de prendre le contre-pied total des pratiques habituelles. « Je voulais prouver que produire dans ce type d'ateliers clandestins, en exploitant ce qui s'apparente à des esclaves modernes revenait finalement plus cher que de produire de manière éthique, aux États-Unis. » Il crée sa société en 1998 et choisit de payer ses dix premiers employés 13 dollars de l'heure, alors que le salaire minimum en Californie est de 8 dollars seulement. Il offre une très bonne couverture sociale, subventionne les déjeuners et les tickets de bus de ses employés et pratique des horaires décents. Il propose de nombreux avantages comme des cours d'anglais ou d'espagnol, des téléphones gratuits pour appeler aux États-Unis et même des séances de massage lors des pauses [...].

Tout en doublant de taille chaque année depuis sa création, l'entreprise est aujourd'hui la plus rentable du secteur. Reconnu pour ses innovations sociales, Dov veut désormais devenir, en conservant son rythme de croissance, irréprochable en matière d'environnement. Il nous explique : « L'industrie textile s'approvisionne principalement en coton génétiquement modifié du sud des États-Unis, cultivé avec un emploi massif de pesticides chimiques, connus pour contaminer les nappes d'eau potable [...] La production de coton sans pesticides n'a donc rien d'une tendance de mode, c'est une nécessité. » American Apparel (c'est le nom de son entreprise) *a lancé,* en *2004, une collection produite à partir de coton 100 % biologique. Mais sa demande est tellement importante qu'il va devoir convaincre de nouveaux fermiers de passer aux méthodes de culture biologique. [...] Son objectif, en plus d'être rentable et responsable dans les pays développés, est de reproduire le modèle dans les pays du Sud.*

Dacca – BANGLADESH

Iftekhar Enayetullah et Maqsood Sinha sont deux trentenaires bangladais originaires de Dacca, qui ont vu leur ville sombrer sous des montagnes de déchets depuis vingt ans. Ces deux diplômés en urbanisation et en architecture ont a priori, *renoncé à des carrières classiques, tranquilles et bien payées pour s'attaquer à ce fléau. [...] C'est avec cette idée en tête qu'en 1995, Iftekhar Enayetullah et Maqsood Sinha imaginent de créer plusieurs centres de traitement de déchets, en recyclant ce qui peut l'être et en compostant* [19] *la matière organique. Cette approche décentralisée et utilisant au mieux une*

19. Le compostage est le résultat de la transformation de matières organiques comme les résidus alimentaires, les feuilles, les déchets de jardinage, le papier, le bois, le fumier et les résidus agricoles. Le compostage décompose et transforme le tout en humus, semblable à de la terre.

main-d'œuvre abondante leur semble parfaitement adaptée à la situation de Dacca. […] Malheureusement, la plupart des ministres ne jurent que par la construction de gigantesques usines de traitement automatisées telles qu'on les voit en Europe ou au Japon. […] Ils décident donc de créer Waste Concern, grâce au soutien d'un philanthrope américain qui veut voir si ça marche. […] Dans un premier temps, le chiffre d'affaires de Waste Concern, devenue une entreprise, est assuré par les abonnements des foyers dont les déchets sont retirés. D'après leurs propres estimations, moins de la moitié des déchets sont ramassés par des services municipaux débordés. Ils n'ont donc eu aucun mal à trouver des quartiers, riches ou pauvres, prêts à s'acquitter de moins de 1 € par mois pour voir leurs rues nettoyées. Le succès commercial est au-delà de leurs espérances. Non seulement la société Alfa Agro leur achète désormais l'intégralité de leur compost, mais elle les pousse à augmenter massivement la production, car les agriculteurs se plaignent de la rareté de ce nouveau produit. « Rien d'étonnant », nous confie Maqsood, « car notre compost, contrairement aux engrais classiques issus du pétrole, permet de nourrir le sol en l'enrichissant en matière organique ». Les rendements sont ainsi meilleurs et le prix de revient plus faible que celui de l'engrais chimique. »

Nous n'irons pas plus loin, nous voulions simplement donner le ton, car des entreprises et des expériences de ce genre, il y en a par milliers sur la terre [20]. Dans l'effort fourni pour améliorer la qualité de la vie, il ne faudrait surtout pas passer sous silence le travail considérable effectué par le milieu associatif. Mais nous tenions ici à souligner que le monde de l'entreprise privée est également un acteur important d'ouverture à un monde meilleur... dès lors qu'elle sous-tend la volonté et la vision de ses dirigeants. Une chose est certaine : un nombre toujours croissant de responsables prend conscience de l'impasse suicidaire dans laquelle nous enferme le modèle monétariste actuel ; un nombre croissant d'entre eux s'investit dans des projets tels que nous venons d'en citer.

Alors, Dr. Jekill ou Mr. Hyde ? Y a-t-il une « bonne » mondialisation, un bon système économique ? Ne nous y trompons pas, les systèmes ne sont rien d'autre que le reflet des modes de pensées qui les sous-tendent. Ce qui se passe dans le monde, actuellement, en est la preuve. Dans un même monde régi, par les mêmes règles, nous voyons s'organiser, soit l'empire de la tyrannie et de la mort, soit une terre d'hommes réconciliés avec eux-mêmes, les autres et la

---

20. Outre le livre que nous venons de citer, nous vous recommandons aussi *Facteur 4, deux fois plus de bien-être en consommant deux fois moins de ressources* de Ernst U Von Weizsücker, Amory B. Lovins, L. Hunter Lovins, Éditions Terre Vivante ainsi que *Ensemble sauvons notre planète,* rassemblant sous la plume de Marie-Florence Beaulieu les témoignages d'une trentaine de personnalités investies dans des solutions alternatives, dans des domaines très divers. Édition Guy Trédaniel.

Vie. Où se situe la différence ? Dans le sens que les hommes donnent au mot « profit ». Tant que leur conscience reste gouvernée par sa définition comptable le monde, et tout ce qu'il contient, n'est que marchandise destinée à alimenter le tiroir-caisse de quelques boutiquiers. Qu'espèrent-ils ? Acquérir le pouvoir que donne l'argent et sans doute, de façon inconsciente, celui d'échapper à la condition mortelle de l'homme. Mais lorsqu'ils prennent conscience de l'illusion, ils réalisent que le « vrai profit » passe par la reconnaissance première du vaisseau spatial qui nous porte, la Terre, et de la préservation des équilibres fragiles et « magiques » nécessaires à la vie et sans lesquels nous n'existerions pas. Alors, d'autres mots comme propriété, croissance, bénéfice, intérêt, travail... sortent de l'atrophie qui les condamnait à n'exprimer qu'une partie d'eux-mêmes et s'envolent à la découverte d'horizons plus radieux.

N'en déplaise à M. Adam Smith, l'être humain n'est pas seulement motivé par son propre intérêt. Avec les meilleures intentions du monde, vous nous avez enfermés dans un système conçu pour ne satisfaire que l'égoïsme, M. Smith ! Mais c'était ignorer l'insondable mystère de la conscience humaine en chemin. Bien sûr, les apparences semblent vouloir vous donner raison, à considérer à quoi se réduit le concept dominant de la « mondialisation ». Ce que nous avons appelé « La mondialisation du meilleur » n'est encore qu'anecdote dans le grand livre des marchands qui rêvent d'inféoder le monde aux seules lois des « marchés ». Mais nous pressentons que le train est en marche, et plus « la mondialisation du pire » génère l'horreur et l'inacceptable, plus nombreuses sont les consciences qui se dressent. Vient le jour, pas si lointain sans doute, où les multinationales iront partager le sort des dinosaures, et si quelques « super-organisations » survivent, ce sera pour gérer les richesses dans un souci permanent d'équité entre des peuples réconciliés coopérant pour l'épanouissement de la vie. Utopie ? Peut-être. Cela dépend de ce que vous voulez vraiment ; car demain sera à l'image de ce que nous plantons aujourd'hui, individuellement, dans notre vie de tous les jours. *La bourse ou la vie !*, criaient les voleurs de grands chemins à ceux qu'ils voulaient détrousser. Sentez-vous l'épée que nous avons dans le dos ? Oui, c'est à cette injonction, mais à un niveau de conscience plus élevé, que chacun d'entre nous doit répondre… maintenant : *La bourse ou la Vie » !…*

En guise de conclusion… Une proposition pour sortir des prisons du mensonges

Imaginez qu'un politique base sa campagne électorale sur les promesses suivantes :

« Sur 5 ans, je m'engage à réduire le chômage au moins de moitié, à régler le problème du financement de la Sécurité sociale et des retraites, à engager l'économie de la nation dans une logique de production respectueuse de la planète, à très sensiblement réduire le processus de marginalisation et d'exclusion avec les violences qui les accompagnent… ».

« La bonne blague ! », vous direz-vous sans doute. Les hommes politiques nous avaient habitués aux promesses (non tenues), mais là, c'est pousser le bouchon un peu loin… On ne croit plus au père Noël !

Et pourtant ! Ce serait possible, si nous le voulions… Oui, nous disons bien « voulions » et non « pouvions ».

Suivez-nous encore quelques instants. Si l'on résume la situation que les « mensonges » de la pensée économique génèrent, on en arrive au constat suivant :

- Le système marchand actuel, répondant à la logique des marchés, justifié uniquement par la recherche maximum de profit financier à court terme, est enfermé dans ses limites que sa seule logique, conçue au XIXe siècle, empêche de dépasser.
- Malgré une croissance constante, le chômage reste à un niveau élevé, de nouvelles poches de pauvreté apparaissent (*working poors*).
- La précarité, la marginalisation et l'exclusion qui en résultent génèrent une fracture sociale grandissante, des maladies, de la délinquance, des vols, de la violence, le développement d'attitudes racistes et intégristes, du terrorisme, dont les conséquences, possibles à court terme, peuvent être des plus chaotiques.
- La seule réponse du système se trouve actuellement dans une croissance forte. Mais les effets escomptés sont, d'une part, amputés ou annihilés par l'amélioration constante de la productivité et, d'autre part, incompatibles avec les exigences écologiques, alors que les effets de la pollution et la diminution des ressources naturelles non renouvelables font déjà partie des problèmes majeurs auxquels l'humanité est confrontée.

- Toutes les analyses s'accordent à dire que les modes de production et de vie des pays industrialisés ne sont pas transposables à l'ensemble de la planète. Un petit milliard de personnes peuvent aujourd'hui « surconsommer » parce que plus de 5 milliards « sous-consomment »… Si l'on veut que les laissés-pour-compte d'aujourd'hui puissent atteindre rapidement une vie digne et épanouissante, il est urgent de proposer un modèle viable par tous, car pourquoi les pays émergents devraient-ils prendre des précautions que nous n'avons pas prises ?

En conséquence, il apparaît impérieux de redonner au peuple, comme le veut la démocratie, la responsabilité de ses choix et de son destin, au lieu de l'abandonner à la logique des marchés. **Il suffirait donc de COMPLÉTER le dispositif économique actuel dans le but de résoudre, indifféremment de leurs coûts financiers ou comptables, les problèmes humains et écologiques que la seule logique capitaliste et comptable est incapable de traiter, et pour orienter les modes de production et de vie vers un modèle soutenable au niveau planétaire.**

Cela pourrait se traduire par les objectifs prioritaires suivants :

- Favoriser tout ce qui permettrait dès maintenant de diminuer la pollution domestique, industrielle et agricole ; de limiter l'utilisation de la matière dans la production (recyclage, matériaux nouveaux à meilleures performances à base de ressources renouvelables), de remplacer rapidement l'énergie fossile par des énergies renouvelables non polluantes.

- Identifier et lister l'ensemble des points qui posent un problème écologique et humain (présent ou probable dans l'avenir) dans notre mode de vie, et mettre en regard les solutions possibles, porteuses d'amélioration de qualité de vie, indifféremment de leurs coûts comptables ou financiers, et transposables à l'ensemble de la planète. Le choix des orientations relève de la Nation par voie de référendum.
- Donner un emploi épanouissant et bien rémunéré à tous ceux qui le veulent.

Ainsi proposons-nous la création d'un nouvel espace économique complémentaire, à vocation sociétale : l'EMS (Entreprise à Mandat Sociétal)[1]

Cet espace « sociétal », c'est-à-dire entièrement dédié à la résolution des problèmes humains et écologiques qui se posent, s'ajouterait au système marchand actuel.

Il serait régi par un statut juridique spécifique (Entreprise à Mandat Sociétal – EMS) ne répondant pas à la logique de profit ou d'équilibre financier, mais à celle du **bénéfice ou du gain sociétal**.

La priorité serait de créer des activités de services à la personne et à la nature permettant un élargissement du champ de l'emploi grâce à l'introduction de « l'activité sociétale » qui n'a pas obligation d'être rentable financièrement. Le champ d'action est si vaste que l'on peut parier retrouver des conditions de plein emploi en peu d'années, avec l'avantage supplémentaire que ces emplois seraient bien plus qu'un gagne-pain : une véritable source de réalisation de soi grâce à leur nature. Comment financer ces activités ? Ni par l'impôt, ni par emprunt, mais par

1. Pour plus de précisions vous trouverez une explication complète de ce projet, voir http://tiki.societal.org, choix « EMS ».

utilisation d'une monnaie sociétale complémentaire à l'euro, créée par l'État à hauteur des besoins ; monnaie permanente, électronique, nominative, gratuite, non spéculative, à cours forcé, non convertible en devises étrangères, et sa quantité serait régulée par une contribution spécifique sur les échanges dans cette monnaie.

Comprenons-nous bien : le but n'est pas de se mettre en décalage par rapport aux autres pays de l'Union européenne et du monde pour en tirer un avantage concurrentiel quelconque, mais de donner l'exemple de ce qui pourrait se généraliser pour répondre de façon appropriée, efficace et rapide aux grands enjeux de notre temps. Que le pouvoir de création de l'euro soit rendu au pouvoir politique de l'Europe et celle-ci pourrait lancer les bases d'une société dont la priorité serait la recherche du bénéfice sociétal.

Nous pourrions alors abandonner l'unité de compte sociétable nationale et revenir à une monnaie unique.

Les autres pays du monde pourraient bien évidemment étendre le principe à eux-mêmes, de sorte que non seulement les plus démunis pourraient sortir de leur dépendance et atteindre la suffisance, mais l'ensemble des nations pourraient enfin coopérer pour une gestion équitable et pérenne des richesses de la planète.

Trop simple pour être vrai ?…

Si c'était possible cela fait longtemps que ça existerait ?

Nous avons souligné, en introduction, que l'économie est une science humaine ; nous avons beaucoup insisté sur la force des idéologies qui inspirent les politiques et les règles du jeu économique et financier, idéologies qui aujourd'hui enferment la pensée au lieu de la libérer. Le problème fondamental auquel est confronté l'humanité, et donc chacun d'entre nous à l'aube de ce XXIe siècle, n'est ni politique, ni économique ni financier. **C'est un problème de conscience**.

Jusque très récemment, les êtres humains avaient des connaissances et des techniques limitées, de sorte que le quotidien était réduit à une lutte contre un environnement perçu comme hostile et dangereux. Même en travaillant dur toute la journée, ils n'étaient pas certains que « demain » serait assuré. C'est ainsi que pour survivre, l'homme a développé ce que nous appelons une « conscience de rareté » fondée sur la croyance « qu'il n'y en a pas assez pour tout le monde », autrement dit sur la peur de manquer.

La ressentez-vous ? Peut-être pas, car elle est la compagne de l'homme depuis si longtemps qu'elle est comme une seconde nature. La conséquence en est une « propension naturelle » à amasser, vouloir toujours plus pour se mettre à l'abri du besoin, et à concevoir la vie comme une arène où seuls les meilleurs gagnent.

Survivre, c'est faire partie des plus forts, ou parvenir à se mettre sous leur protection. Seul le jeu de la compétition détermine la place de chacun. Est-ce nécessaire de préciser que le capitalisme libéral est l'enfant chéri de cette conscience, lui qui est par essence l'art de gérer la rareté ?

Or depuis une cinquantaine d'années seulement, l'homme n'est plus limité, ni par ses connaissances, ni par ses technologies, les unes comme les autres ne cessant de s'enrichir et de se développer. Cela lui donne la capacité de produire « ce qu'il veut comme il veut », au point que les pays industrialisés souffrent maintenant de leur surproduction. Bien sûr, seul un petit groupe de nations vit dans « ce luxe », tandis que le reste du monde lutte encore contre la misère. Mais la misère dont il souffre est *artificielle* ! Car si hier on mourait de faim faute d'une production suffisante, aujourd'hui ces populations meurent de faim faute **d'avoir l'argent** qui donnerait accès à la production. *Existe-il un terme assez évocateur pour dénoncer l'absurdité qui fait que des êtres souffrent et meurent par manque d'un argent dont nous n'avons cessé de dire au cours de notre texte qu'il est aujourd'hui virtuel et créé à volonté ?*

■ SEULE LA VOLONTÉ MANQUE, PAS LES MOYENS !

Or la volonté dépend de la conscience; mais la conscience collective, repassée tout au long de l'histoire au fer de la rareté, en conserve le pli, de sorte que nous gérons « l'abondance » d'aujourd'hui avec les outils de la rareté. C'est meurtrier pour certains, tout de suite ; suicidaire pour tous, bientôt… si nous ne nous ouvrons pas à ce que nous appelons la « conscience d'Abondance ».

Entendons-nous : nous parlons de « conscience d'Abondance », c'est-à-dire d'une façon de voir le monde et de considérer la vie « en confiance » et non dans la peur. Car si nous le voulons, nous avons aujourd'hui (ce qui n'a jamais été le cas avant) la possibilité d'assurer une vie décente et épanouissante à l'ensemble de la population terrestre. Mais pour cela, il ne faut plus être mû par le besoin compulsif d'amasser par peur du lendemain, ni de lutter contre les autres pour faire sa place au soleil. Cela ne devient possible que si l'on rompt avec la « peur de manquer », et si l'on épouse la « confiance en la vie » – ce qui inclut nécessairement une réconciliation avec l'idée que l'on se fait de la mort, de cette mort qui alimente en dernier ressort la peur de manquer… de vie. Tout un apprentissage !…

Nous voilà face à ce destin, aussi démunis que l'homme aux premiers jours. Voici le « continent Abondance », vierge, inconnu, mystérieux…

La vie nous a conduit sur ses rivages et nous promet l'Eldorado, mais à une condition : accepter et être capables d'abandonner la culture que nous avons apportée de notre terre natale « rareté ».

Alors seulement le papillon émergera de sa chrysalide… l'argent ne sera plus un outil de compétition, de ségrégation et de pouvoir, mais un simple outil de mesure et d'échange, créé gratuitement à hauteur de la « vraie richesse » manifestée; alors les ressources terrestres ne seront plus des trésors que les plus puissants cherchent à accaparer, mais un patrimoine mondial, géré durablement et équitablement ; alors le travail ne sera plus un gagne-pain, l'arène où les combattants s'affrontent, mais l'espace idéal pour se « réaliser », tout en contribuant au bien commun; alors la valeur supérieure ne sera plus dans la compétition et l'élitisme, mais dans la coopération et la solidarité, alors…

C'est l'horizon que la simple création de cet espace sociétal viendrait ouvrir, la marche à hauteur d'homme qu'il édifierait et qui permettrait de créer les conditions propices à une évolution pacifique de l'humanité entière vers le destin qu'elle aurait alors le pouvoir de choisir.

Oui, il suffirait de *vouloir* ! Bien sûr, nous ne pouvons le faire seuls, mais vouloir, c'est devenir porteur de l'idée, en parler, susciter le débat pour que la conscience citoyenne s'en empare et permette son incarnation par la simple pression qu'elle exercera en l'appelant de ses vœux. C'est à portée de main…

Savez-vous ce que diraient les enfants ? Chiche ! Et nous, les « adultes », oserons-nous les regarder dans les yeux en leur répondant « c'est impossible » ?

Allez, chiche ! Et des mots comme Liberté, Justice, Respect, Amour ne seront plus des emballages vides, et l'aube de ce monde que nous espérons tous encore, dans le secret de notre cœur d'enfant, commencera à luire.

Pour la première fois, dans l'histoire du monde, les puissances spirituelles ont été toutes ensemble refoulées non point par les puissances matérielles mais par une seule puissance matérielle qui est la puissance de l'argent.(...)
Pour la première fois, dans l'histoire du monde l'argent est maître sans limitation ni mesure.
Pour la première fois, dans l'histoire du monde l'argent est seul en face de l'esprit. (...)
Il ne faut donc pas dire seulement que dans le monde moderne l'échelle des valeurs a été bouleversée. Il faut dire qu'elle a été anéantie, puisque l'appareil de mesure et d'échange et d'évaluation a envahi toute la valeur qu'il devait servir à mesurer, échanger, évaluer. (...)
Tous les autres mondes (que le monde moderne) ont été des mondes de quelque spiritualité. Le monde moderne seul, étant le monde de l'argent, est le monde d'une totale et absolue matérialité. Ainsi, le monde moderne ne s'oppose pas seulement à tel ou tel autre monde. Il s'oppose, il se contrarie à tous les autres mondes ensemble et d'un même mouvement. (...)
C'est partout la pensée qui est visée, la métaphysique, la liberté, la fécondité. C'est l'âme même que l'on veut atteindre et réduire une fois pour toutes.
C'est le spirituel sous toutes ses formes et dans tous les êtres que l'on veut réduire.
Dans ces conditions, je considère comme insidieuse et criminelle, comme frauduleuse et dangereuse, comme pernicieuse et traîtresse toute politique qui tend à défaire du spirituel.

Charles PEGUY

Bibliographie
Des mêmes auteurs

Philippe Derudder

La renaissance du plein emploi ou la forêt derrière l'arbre (Éd. Guy Trédaniel).

Les aventuriers de l'abondance (Éd. Yves Michel).

Rendre la création monétaire à la société civile (Éd. Yves Michel).

André-Jacques Holbecq

Un regard citoyen sur l'économie (Éd. Yves Michel).

Une alternative de société : l'écosociétalisme (Éd. Yves Michel) – préface de Patrick Viveret

Autres (ordre alphabétique)

Allais Maurice : *La crise mondiale aujourd'hui*, (Éd. Clément Juglar)

Aunac Pierre : *Une économie au service de l'homme* (Éd. l'Harmattan)

Beaulieu Marie-Florence : *Ensemble sauvons notre planète* (Éd. Guy Trédaniel). Témoignages d'une trentaine de personnalités investies dans des solutions alternatives dans des domaines très divers.

Brutus Fabienne : *Chômage, des secrets bien gardés* (Éd. J-C Gawsewitch).

Carr William Guy : *Des pions sur l'échiquier* (*Paws in the game*), (Éd. Saint-Remi).

Chaineau André : *Mécanisme et politique monétaire* (Éd. P.U.F.).

CLERC Denis : *Déchiffrer l'économie* (Éd. Syros).

CREEL Jérôme et STERDINIAK Henri : *Faut-il réduire la dette publique* publiée dans la lettre de l'OFCE N° 271 du 13 janvier 2006

DE LA SALLE JEAN : *La prospérité viendra demain de l'économie locale* (Éd. l'Harmattan).

DELATOUCHE Raymond : *La chrétienté Médiévale, un modèle de développement* – (Éd. Tequi).

DARNIL Sylvain et LE ROUX Mathieu : *80 hommes pour changer le monde* (Éd. JC Lattès.).

GALAND Gabriel & GRANDJEAN Alain : *La monnaie Dévoilée* (Éd. l'Harmattan).

GÉNÉREUX Jacques : *Chiffres clés de l'économie* française (Éd. du Seuil).

HAWKEN Paul : *l'Écologie de marché* (Éd. Le Souffle d'Or).

HUSSON Michel : *Crises structurelles et financières du capitalisme au XXe siècle* (Éd.Syllepse).

JANCOVICI Jean Marc – GRANDJEAN Alain : *Le plein s'il vous plait* (Éd. Du Seuil).

JEANNIN Pierre : *Les marchands au XVIe siècle*,(Éd. Seuil).

KENDE Pierre : *L'abondance est-elle possible ?* (Éd. Gallimard) et *Le défi hongrois* (Éd. Buchet Chastel).

KENNEDY Margrit : *Libérer l'argent de l'inflation et des taux d'intérêts* (Éd. Vivez Soleil)

MAMOU-MANI Alain : *Au-delà du profit* (Éd. Albin Michel).

MARIS Bernard : *Lettre ouverte aux gourous de l'économie qui nous prennent pour des imbéciles* (Éd. Albin Michel), également, *Keynes ou l'économiste citoyen* (Éd. Presses de sciences po).

MARSEILLE Jacques : *Lettre ouverte aux Français qui s'usent en travaillant et qui pourraient s'enrichir en dormant*, (Éd. Albin Michel).

C'est beau la France, *Nouvelle histoire de France*, *Le grand gaspillage* et *La guerre des deux France*.

PERKINS John : *Les confessions d'un assassin financier : Révélations sur la manipulation des économies du monde par les Etats-Unis* (Éd. Ariane).

PFEIFFER Lucien : *La fin du capitalisme … et après ?* (Éd. Yves Michel) Préface de Patrick Viveret

PLASSARD François : *la Vie rurale : un enjeu écologique et de société* (Éd. Yves Michel) et *le temps choisi : un nouvel art de vivre, pour partager le travail autrement* (Éd. Charles Mayer)

RAHNEMA Majid : *Quand la misère chasse la pauvreté* (Éd. Fayard)

RUBY Marcel : *Pour une mondialisation humaniste* (Éd. l'Harmattan)

STIGLITZ Joseph : *La grande désillusion* (Éd. Plon)

VASSILEFF Jean : *le partage contre la croissance* (Éd. Siloe)

VIVERET Patrick : *Reconsidérer la richesse : rapport final de la mission « nouveaux facteurs de richesse »* (http://www.ladocumentationfrancaise.fr/rapports-publics/024000191/index.shtml)

Pourquoi ça ne va pas plus mal ? (Éd. Transversales Fayard)

WEIZSÜCKER Ernst U Von – Amory B. Lovins – LOVINS L. Hunter : *Facteur 4, deux fois plus de bien-être en consommant deux fois moins de ressources* (Éd.Terre Vivante).

Quelques sites internet :

ADED : Le site de Denis Gauci : La question de la création monétaire est une des plus importantes, sinon la plus importante, à laquelle est confrontée l'humanité et elle vous concerne comme elle nous concerne tous. – http://assoc.orange.fr/aded/

Chômage et monnaie : Comme nous, vous pensez que l'importance de la monnaie est sous-estimée ? – http://www.chomage-et-monnaie.org/

Sociétal : Le site interactif wiki de A-J Holbecq et du GRESSO, pour tenter d'apporter un autre regard sur l'économie et la monnaie. – http://tiki.societal.org

Fragments Diffusion : Le site de Janpier Dutrieux, dédié à la promotion d'une économie créditrice, dans le cadre de la pensée fédéraliste. – http://fragments-diffusion.chez-alice.fr/

BIP 40 : « Baromètre des Inégalités et de la Pauvreté » – http://www.bip40.org/fr/

Hussonet : le site de Michel Husson – http://hussonet.free.fr/

TVA Sociale : Le site des acteurs pour la TVAS. – http://www.tva-sociale.org/

Le blog de Didier Lacapelle: de très bons articles de « démontage » des idées reçues en économie... http://didierlacapelle.over-blog.com

L'histoire de la F.E.D. et des banques... http://www.consciencedupeuple.com/html/jekyll_island.html

Un site interactif wiki qui dénonce et explique les aberrations de notre société mondialisée. – http://www.wikisocrate.org/

Site du projet SOL (Patrick Viveret) en attendant. – htt://www.sol-reseau.org/. *Nouvelle approche de la richesse et de la monnaie* http://www.caracoleando.org/

Informer sur la gravité de la situation. http://www.h-50.fr

Interactions entre Transformation personnelle et transformation sociale. – http://www.interactions-tpts.net

Site de l'Association internationale pour le soutien aux économies sociétales. – http://www.aises-fr.org/

L'empreinte écologique globale, http://www.earthday.net/goals/footprintnations.stm, *et le calcul de votre empreinte écologique...* http://www.earthday.net/footprint/info.asp?country=France&language=French&wf*Vos revenus par rapport à ceux du reste du monde. Vous sentirez-vous mieux ou moins bien ensuite ?* http://globalrichlist.com/

Le site de Jean ZIN : Écologie révolutionnaire. Une très haute pensée libre qui vaut très largement le détour. – http://perso.orange.fr/marxiens/

Critique de l'ultralibéralisme, voir particulièrement les extraits bien choisis du livre de Viviane Forrester « L'HORREUR ECONOMIQUE ». http://ultraliberalisme.online.fr/index.html

Site du Comité pour l'annulation de la dette du tiers-monde. Des gens très au courant du besoin de changer de paradigme, et prêts à faire pression sur le G8 pour y arriver. Des textes et des liens très intéressants sur le problème de la dette. – http://www.cadtm.org/

TABLE DES MATIÈRES

Les 10 plus gros mensonges sur l'accouchement

Blandine POITEL

Aujourd'hui, l'accouchement et la naissance sont aux mains des médecins, sous un monopole hospitalier qui ne souffre guère d'exceptions. Vouloir se passer de l'hôpital est présenté comme dangereux, irréfléchi, à très hauts risques pour la mère et l'enfant.

Pourtant, nos chiffres en matière de morbidité mortalité foeto maternelle sont et demeurent parmi les pires comparés aux pays européens de niveau sanitaire équivalent. Et nombre de femmes se plaignent que leur bébé ou elles ont pâti de cette médicalisation perçue comme contraignante, douloureuse, non respectueuse. Il est donc temps d'apporter un démenti à bon nombre de contre-vérités et de mensonges sur ce sujet.

Si vous croyez notamment que :
– accoucher est dangereux,
– la position gynécologique imposée à la femme est la meilleure pour elle et son bébé,
– la douleur de l'accouchement est insupportable sans péridurale,
– les gestes faits sur le bébé à la naissance sont indispensables.
Alors ce livre est fait pour vous. Ne vous laissez pas désinformer plus longtemps !

ISBN : 2-7033-0655-5
160 pages
16 euros

Les 10 plus gros mensonges sur

L'accouchement

Blandine POITEL

Dangles ÉDITIONS

Achevé d'imprimer par

CPI

Imprimerie France QUERCY
46090 Mercuès

N° d'impression : 70180/
Dépôt légal : janvier 2007

Imprimé en France